ENCYCLOPÉDIE-RORET

SCULPTURE

SUR BOIS

DÉCOUPAGE ET MOULAGE DU BOIS

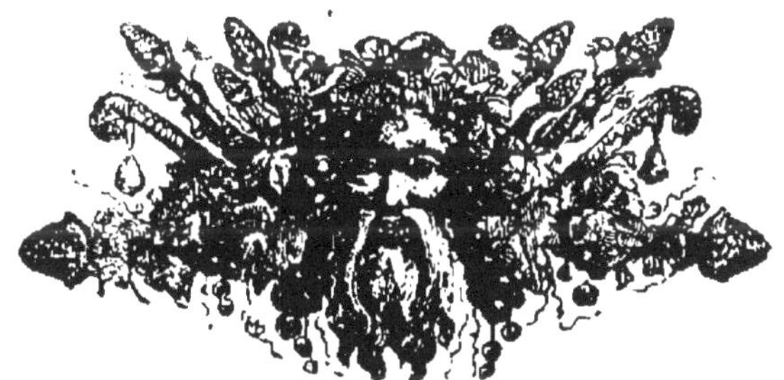

PARIS

LIBRAIRIE ENCYCLOPÉDIQUE DE RORET

RUE HAUTEFEUILLE, 12.

ENCYCLOPÉDIE-RORET

—

SCULPTURE SUR BOIS

MANUELS-RORET

NOUVEAU MANUEL COMPLET

DE LA

SCULPTURE SUR BOIS

CONTENANT

LA DESCRIPTION DES OUTILS LES PLUS USITÉS
ET DES BOIS LES PLUS CONVENABLES

AINSI QUE

DES NOTIONS PRATIQUES DE SCULPTURE

SUIVI DE

L'ART DE DÉCOUPER

ET DE DENTELER LES BOIS

et les

PROCÉDÉS MÉCANIQUES

Au moyen desquels ou exécute la Sculpture par compression,
la Gravure par le feu, l'Estampage et le moulage du bois,
le Bois moulé, le Bois durci, le Similibois, etc.

PAR

M. S. LACOMBE.

PARIS

LIBRAIRIE ENCYCLOPÉDIQUE DE RORET
RUE HAUTEFEUILLE, 12.
1868

AVIS

Le mérite des ouvrages de l'**Encyclopédie-Roret** leur a valu les honneurs de la traduction, de l'imitation et de la contrefaçon. Pour distinger ce volume, il porte la signature de l'Editeur, qui se réserve le droit de le faire traduire dans toutes les langues, et de poursuivre, en vertu des lois, décrets et traités internationaux, toutes contrefaçons et toutes traductions faites au mépris de ses droits.

Le dépôt légal de ce Manuel a été fait dans le cours du mois de décembre 1867, et toutes les formalités prescrites par les traités ont été remplies dans les divers États avec lesquels la France a conclu des conventions littéraires.

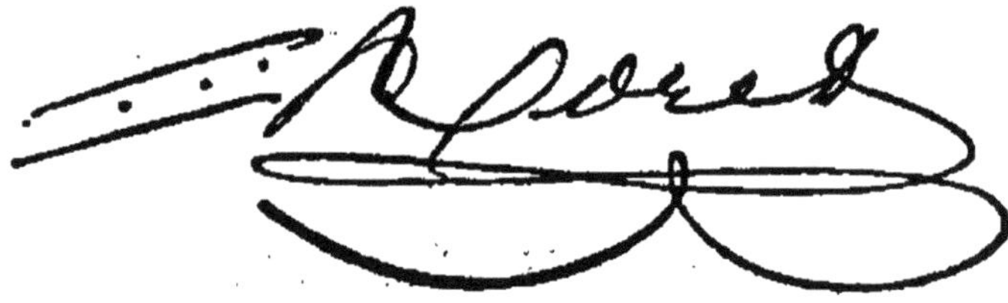

NOUVEAU MANUEL COMPLET

DE LA

SCULPTURE SUR BOIS

ET DE LA

DÉCOUPURE DES BOIS

PREMIÈRE PARTIE.

SCULPTURE SUR BOIS.

HISTORIQUE DE LA SCULPTURE SUR BOIS.

Bien que la sculpture sur bois ne nous offre pas ces modèles de la statuaire magistrale que nos grands maîtres ont su tirer du marbre, on peut la considérer, jusqu'à un certain point, comme son émule par tous les chefs-d'œuvre dont les églises et les anciens châteaux de France, d'Italie, d'Allemagne et de Belgique offrent tant de spécimens. Mais si elle a une infériorité marquée près du marbre, elle marche l'égale de la sculpture sur pierre qu'elle complète dans la décoration extérieure des édifices et des grands hôtels, et qu'elle remplace complétement dans l'intérieur des appartements les plus luxueux comme ornementation et ameublement. Ces portes admirables, qui font la gloire des Jean Goujon, des Germain Pilon et des Puget ; ces bas-reliefs, ces lambris et ces meubles qui rendent universels les noms des Cousin et des Duquesnoy, disent assez que la sculpture sur bois était un art des plus appréciés par nos ancêtres, et les noms célèbres dont elle est souvent signée doivent servir d'émule à nos artistes modernes et nous prouver que nous sommes dans le sens artistique réel en relevant un art qui avait été négligé pendant quelque temps.

Ainsi que le dit M. Charton dans son excellent travail artistique sur l'histoire de France, la sculpture pourrait servir, de même que les monuments, à expliquer les différentes phases morales de notre histoire. On la retrouve à chaque pas dans les édifices religieux les plus anciens, seuls monuments qui nous restent de ces époques reculées ; elle nous dit : ici, la naïveté des croyances, par l'interprétation des sujets ; là, le niveau des idées morales, par les scènes singulières mises sous les yeux du peuple pour l'arrêter dans ses débordements. Ce qui caractérise la nature de ces travaux, c'est la liberté d'interprétation laissée aux artistes et leur peu de scrupule dans l'exactitude historique ; quant au *faire*, il se trahit par la raideur des contours donnée aux figures et aux ornements, et surtout par le peu de suite que présente la conception du dessin.

Cette raideur se fait principalement sentir dans les meubles du moyen-âge, faits presque tous en bois de chêne ; leur forme austère et peu commode nous fait à peine comprendre, avec nos goûts du confort, l'utilité qu'on pouvait en tirer. Aussi ne reproduit-on les meubles de cette époque encore barbare qu'à titre de curiosité.

Mais bientôt l'idée de la composition est plus suivie et elle arrive, *dans la sculpture sur bois* et *dans l'ameublement*, à un ensemble de caractères qui fait naître le *style*.

Le style roman n'a guère laissé de traces dans la sculpture sur bois, mais l'époque ogivale ou style gothique commence cette nouvelle ère artistique dont les débuts sont des chefs-d'œuvre de patience que nous retrouvons dans ces bahuts et cadières qui nous offrent les combinaisons les plus heureuses des différents lobes enrichis de rosaces.

Le goût s'épure insensiblement, le gothique arrondit ses contours et donne plus de souplesse à la végétation qui en fait l'ornement ; les lourdes corniches, dans la grande décoration et dans l'ameublement, sont remplacées par ces feuilles de vigne et de chardon qui courent avec la plus grande légèreté et dont le travail, fouillé avec une patience toute monacale, fait encore l'admiration des artistes de nos jours.

Parmi les œuvres les plus pures de cette époque, nous citerons le rétable de l'autel de Saint-Germain-l'Auxerrois, de Paris, et l'aile de Louis XII, du château de Blois.

Pendant que l'art gothique dit son dernier mot, en prenant ses formes flamboyantes et en rompant les lignes droites par ses choux aux mille plis ou feuilles à crochets, voici venir François Ier

et la pléïade d'artistes italiens qu'il appelle auprès de lui. Le siècle de Léon X déborde en France, et la fusion de cette époque brillante et du génie français nous donne une impulsion artistique toute nouvelle qui devient l'aurore de l'art moderne, en l'élevant au niveau de la science, et mérite à ce siècle le nom de *Renaissance*.

Ce sont d'abord Léonard de Vinci, le Rosso, le Primatice, André del Sarto et Benvenuto Cellini, qui nous initient à l'art magistral du grand siècle italien. Ce dernier contribue, par son ornementation d'un style florentin, un peu exagéré peut-être, où se fait sentir la perfection du ciseleur, à la création de ces panneaux en bas-relief, frustes ou arabesques d'une composition si ingénieuse et si variée.

Bientôt, sous l'influence de cette brillante époque italienne, naissent Jean Goujon, le Phidias français, le Corrège de la sculpture, Germain Pilon, son émule, Cousin, au génie multiple, et tant d'autres qui achèvent de fixer le style de cette époque en alliant la nature vivante à l'ornementation.

Les châteaux de Fontainebleau, de Chambord et de Blois (aile de François Ier), la fontaine des Innocents, à Paris, les plafonds du château d'Anet, les lambris de la chambre à coucher de Diane de Poitiers, etc., etc., sont autant de chefs-d'œuvre qui attestent la juste célébrité de cette époque. La statuaire prend des proportions magistrales, les attitudes sont variées, les draperies franchement jetées. L'ornementation est animée par ces reliefs aux formes élégantes et pures qui savent allier, lorsqu'il le faut, la force et la grâce ; ses figures ont tant de relief que l'œil trompé croit en embrasser toute la rondeur. La décoration des meubles devient aussi moins morne ; les bas-reliefs sont entourés de feuillages de convention inspirés par la feuille d'achante ; les froides draperies de panneaux des siècles précédents sont remplacées par ces vases aux formes légères, qui paraissent sortir de fleurs imaginaires et dans lesquelles des oiseaux fantastiques inclinent leurs longs cols. On semble avoir horreur de la nudité des murs et des panneaux, l'ornementation envahit tout, et là où elle ne peut amener un sujet, on place une salamandre vomissant des flammes, ou des armes surmontées de couronnes héraldiques.

Il semble, quand on regarde ensuite l'époque de Louis XIII, que le XVIe siècle ait momentanément épuisé la sève de notre génie artistique ; l'ornementation et les meubles deviennent lourds, froids et tristes comme le caractère du souverain, on paraît revenir à la raideur des meubles moyen-âge, et on copie en même temps le gothique allemand en plaçant sur les chapiteaux et sur les panneaux des cartouches aux formes gauchies, creusés dans d'épaisses masses de bois et qui paraissent écraser sous leur poids les objets dont ils ne doivent être que l'accessoire.

Mais, à cette époque, la sculpture sur bois se réfugie en Flandre où elle se développe avec le plus grand éclat sous l'influence du génie de Rubens. Toutes les églises de Belgique renferment encore des chefs-d'œuvre de sculpture sur bois de cette époque aussi féconde que le grand maitre dont elle s'inspirait. L'idée d'introduire dans l'ornementation des animaux symboliques, donne souvent à leurs travaux un cachet original qui est encore accentué par les enfants que François Duquesnoy, plus connu sous le nom de François Flamand, fait jouer au milieu d'une végétation de la plus grande richesse. Cet artiste nous initie à l'art de reproduire ces enfant bouffis, aux membres rebondis, à la manière du Titien et de l'Albane dont il s'était inspiré et qu'il a ciselés à profusion.

L'art de la sculpture sur bois ne fait pas de progrès bien sensibles sous Louis XIV. Le caractère du souverain et de son entourage changent l'ornementation et les meubles de cette époque en poussant souvent le genre noble jusqu'à la lourdeur ; tout est empreint de noblesse et de majesté. Pierre Puget crée des chefs-d'œuvre de sculpture sur bois, remarquables par le sentiment du grandiose, qui malheureusement sont faits à Marseille et à Toulon, loin du centre artistique, et Boule crée le style qui porte son nom dans la fabrication des meubles de luxe qu'il orne de bronzes élégants et de riches mosaïques, mais ces meubles appartiennent plutôt à l'ébénisterie qu'à la sculpture sur bois qu'ils contribuent à faire négliger.

Pendant que l'architecture et l'ornement de l'époque de Louis XIV conservent le caractère imposant, nous voyons des architectes de la fin de ce règne, et notamment Perrault, tracer, pour les vases et ornements des jardins de Versailles, des dessins qui peuvent servir de transition entre la sculpture sur bois des meubles de cette époque et les grandes époques de Louis XV et Louis XVI où cet art fut porté à son apogée.

L'époque de Louis XV n'est remarquable, il est vrai, que par la sculpture de ses meubles, celle du genre ou des personnages est entraînée par le faux goût de l'époque, elle est contournée, maniérée et affadie; les draperies qui visent quelquefois à l'antique, sont trop recherchées, trop chiffonnées et laissent souvent deviner, ou même voir les formes avec une affectation peu digne de l'art qui, sous ce rapport, se ressent du relâchement des mœurs du temps. On retrouve, jusque dans les travaux religieux que l'on rencontre dans les églises, ce genre mondain et trop facile des compositions de Boucher faites pour ces boudoirs mythologiques qui avaient alors la grande vogue.

Mais la décoration des meubles, des lambris et des sièges prend un caractère nouveau qui est tout à fait propre à cette époque. Ce ne sont que contours légers et volutes variées à l'infini, dont le regard suit les courbes sans se heurter à un seul angle; tous ces motifs, surmontés de colombes aux ailes entr'ouvertes, ou de charmants médaillons, sont reliés ensemble par de gracieuses guirlandes de fleurs d'une exécution admirable et maintenues par des rubans aux plis arrondis qui achèvent de donner à l'ensemble un aspect des plus aimables.

Le sculpteur sur bois doit spécialement s'attacher à étudier le style et le faire de cette époque qui sert encore de modèle aux artistes de nos jours. Bien qu'étant semblable en plusieurs points au style de Louis XVI, il en diffère essentiellement par mille détails que le connaisseur distingue du premier coup-d'œil.

La décadence du style Louis XV est signalée par l'introduction dans la sculpture du genre *Rocaille* qui imite les rochers et les coquillages. La sculpture des petits meubles et garnitures, tels que coffrets, pendules, vases et flambeaux, en offre encore d'intéressants spécimens remarquables par l'adresse avec laquelle les différents motifs sont reliés entre eux.

On retrouve des traces de ce genre dans le style Louis XVI, plus sévère et plus correct que celui qui le précède, mais qui ne lui cède en rien par la grâce et l'élégance. L'influence des scènes champêtres de Trianon et des bergeries de M. de Florian se fait sentir dans la décoration des meubles et des lambris, par des faisceaux de houlettes, de tambourins et de musettes, et par ces légers paniers de fleurs qui ressemblent souvent à des trompe-l'œil. A tous les ornements de l'époque devancière, on ajoute les perles, et enfin la dorure qui vient donner aux meubles une richesse jusqu'alors inconnue. Les modèles de ce style sont encore répandus dans plusieurs châteaux, notamment à Versailles et à Trianon.

Il ressemble d'assez près à celui de Louis XV pour que nous en indiquions les principales différences : les lignes sont moins molles, quelquefois brisées par des ressauts en saillie, sans cesser pour cela d'être agréables à l'œil, les fleurs et les roses surtout sont plus fouillées, plus détaillées et plus naturelles; les rubans qui entourent et relient presque toujours les attributs sont chiffonnés par une profusion de plis qui leur donne une légèreté admirable. Cette époque est regardée à juste titre comme la plus belle de la sculpture sur bois pour l'ornementation et les meubles.

On s'explique difficilement que ce grand art soit subitement frappé d'interdit par les artistes de l'époque suivante qui n'accordent quelque attention qu'à la peinture. Malheureusement le genre qui fait école sous l'*Empire*, et dont David est le maître, est poussé à l'exagération par ses élèves, dont les compositions raides et anguleuses ressemblent à des figures de mathématique. L'ornementation des appartements est presque inconnue; les meubles, anguleux eux-mêmes, ne sont que des cubes géométriques que le suprême bon goût du moment perche sur des colonnes cylindriques qui ne sont d'aucun ordre et rehausse d'ornements en bronze d'un modèle invariable. C'est l'époque où florissent les pendules carrées contre lesquelles s'accoude l'inévitable troubadour dont la chevelure de chérubin est surmontée d'un toquet de velours, sorte d'écritoire d'où sort une plume hors de toute proportion; sa tunique, décolletée comme celle d'une femme, tombe en plis raides et réguliers qui paraissent avoir été peignés. Tel est le goût de la statuaire; aussi les œuvres de sculpture de cette époque disparaissent-elles chaque jour, nul ne peut avoir l'idée de les collectionner, et encore moins songe-t-on à les imiter. Les préoccupations d'un autre ordre absorbent toutes les aspirations artistiques, l'art n'est même plus un accessoire, il est oublié, méconnu.

Nous assistons ensuite à une sorte de sommeil d'une quarantaine d'années qui fait croire à une fatigue générale pour tout ce qui est art et industrie. On a oublié le style empire, c'est le seul éloge que l'on puisse donner à cette époque d'engourdissement. L'art est concentré dans la lithographie, la joaillerie, puis dans la peinture qui vient contribuer à relever la sculpture d'ornementation et d'ameublement.

Aujourd'hui, enfin, de grands artistes ne dédaignent plus de faire collaborer leur talent à l'industrie, et nous voyons apparaître une nouvelle renaissance de la sculpture d'ornementation qui arrivera, nous le pensons fermement, à donner un cachet à notre siècle. Le genre actuel, qui est basé sur l'imitation de la nature, ne peut manquer d'être remarqué par nos descendants : il s'efforce, en effet, de résoudre ce problème difficile d'allier le réalisme à l'idéalisme, c'est-à-dire de créer un genre d'imitation substitué à la nature (dont le moindre brin d'herbe ne peut être fidèlement imité) et d'arriver à une illusion que les efforts de nos ciseleurs modernes ne peuvent tarder à atteindre.

PREMIÈRE SECTION.

Outils.

Beaucoup des outils dont nous allons nous occuper sont tellement connus qu'il serait inutile de les décrire et même de les nommer; nous espérons cependant que le lecteur sera dédommagé par les détails de fabrication que nous donnerons, et qu'il est de toute nécessité de connaître, pour leur affûtage et la transformation qu'on pourrait désirer leur faire subir.

Nous n'indiquerons que ceux qui sont le plus nécessaires au sculpteur sur bois. Il pourra se faire que les difficultés d'exécution que l'on rencontrera dans certains travaux en nécessitent d'autres que ceux dont nous parlons, mais ils dériveront tous, plus ou moins, de ceux dont nous aurons donné le modèle; il sera facile à l'artiste, soit de les faire lui même par les procédés que nous indiquerons plus loin, page 49, soit d'en donner le dessin à l'ouvrier.

Au reste, plus le sculpteur avancera dans la pratique de son art, plus il apprendra à tirer parti de ses outils et à en réduire le nombre à quelques-uns seulement qui iront le mieux à sa main.

LE CISEAU.

Le ciseau de menuisier (fig. 1) est le plus simple des outils de sculpteur, il consiste en une lame d'acier appelée *planche*, sur laquelle on soude à

plat une lame de fer destinée à lui donner moins
de rigidité et plus de liant. Cette lame se termine
par une tige carrée qui va en s'amincissant afin
de pénétrer dans le manche. L'extrémité de la
lame est affûtée en biseau, de manière que le tail-
lant porte sur la lame d'acier A, et que la lame

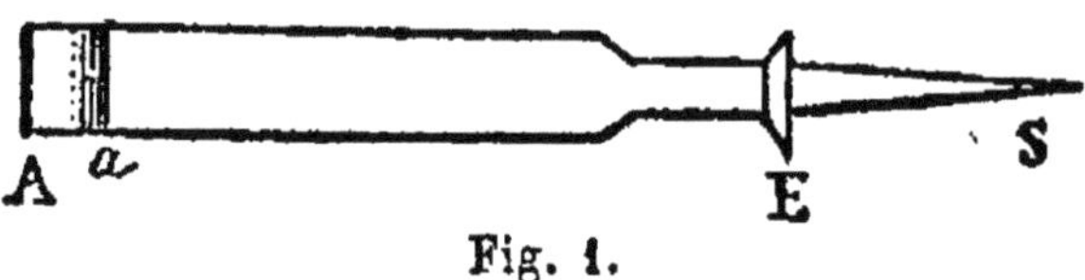

Fig. 1.

de fer, qui est usée par la pierre, forme le biseau
A, *a*. Ce biseau présente, de profil, un angle plus
ou moins aigu, selon la nature du travail que l'on
a à exécuter : il est ordinairement de 25 à 30 de-
grés.

La partie aiguë qui termine la tige se nomme
soie S ; la masselote de fer E qui se trouve entre
la tige et la soie est appelée *embase* et sert à ap-
puyer, ou plutôt à arrêter le manche. Ces derniers
détails de fabrication étant les mêmes pour tous
les outils, nous nous abstiendrons de les répéter.

Il est bon d'avoir quelques ciseaux assortis de
largeur et variant de 3 à 20 millimètres.

Tous les outils qui suivent, existant aussi en
acier fondu, le sculpteur devra les préférer à ceux
employés par les menuisiers, car ils peuvent être
affûtés et aiguisés des deux côtés sans crainte de
dépasser la planche.

LES FERMOIRS.

Le Fermoir droit.

Cet outil diffère du précédent en ce qu'il a son tranchant au milieu de l'épaisseur de la lame au lieu de l'avoir sur un des bords. Dans l'outil de menuisier, la lame d'acier ou *planche*, sur laquelle doit porter le tranchant, est entre deux lames de fer qui lui sont soudées à plat.

Ceux le plus en usage ont généralement de 3 à 10 centimètres de largeur.

Le Fermoir coudé.

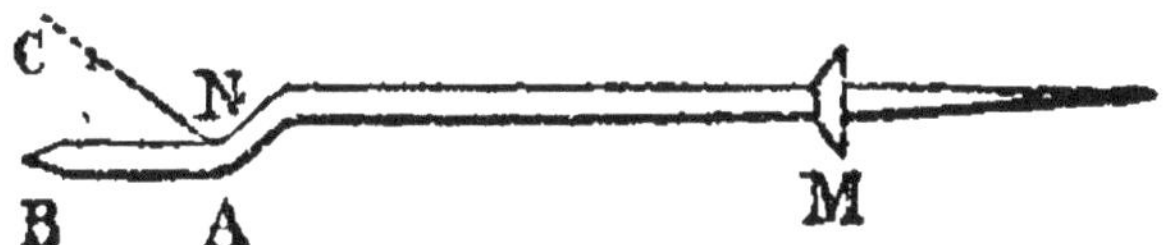

Fig. 2.

Ce fermoir sert à pénétrer dans les creux au fond desquels on doit niveler des parties plates. Sa composition est la même que celle du fermoir droit, mais la lame est beaucoup plus courte et la tige plus longue est recourbée en S, de telle sorte que la partie plate de la lame A, B se trouve sur un plan inférieur à celui de la tige M, N. Plus la partie que l'on doit travailler est profondément placée, plus l'angle formé par la tige et la lame doit être aigu dans le sens A, C.

Il faut cependant se garder de trop courber la lame, car alors le centre des forces, en se déplaçant, se porte sur les parties coudées qui n'ont plus assez de solidité pour résister, et l'outil se brise. Cette observation s'applique à tous les outils coudés.

Le Fermoir nez-long droit.

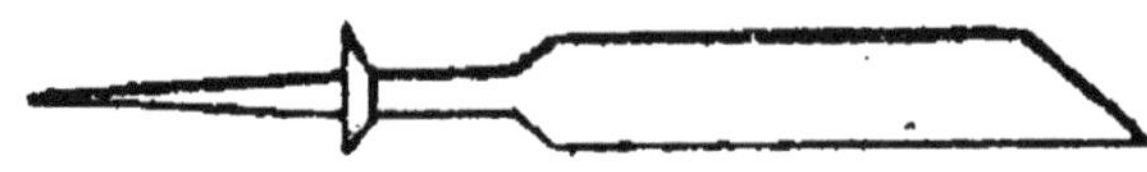

Fig. 3.

Le fermoir nez-long droit (fig. 3) a le tranchant biseauté, c'est-à-dire coupé obliquement par rapport à la direction de ses côtés, de manière à présenter un angle aigu. On s'en sert pour pénétrer dans les trous ou les angles aigus et rentrants et continuer les parties plates commencées par le fermoir droit.

Le Fermoir nez-long coudé.

Il est au précédent ce que le fermoir coudé est au fermoir droit, et il est l'objet des mêmes observations.

Il est nécessaire d'en avoir quelques-uns, mais il faut les choisir très-étroits afin qu'ils puissent pénétrer dans les angles les plus aigus.

Le Biseau.

Il arrive souvent que le fermoir coudé ne peut pénétrer dans les parties creuses un peu resserrées, à cause de la longueur qu'on est obligé de donner à sa lame; on le remplace alors par le *Biseau* (fig. 4) qui n'est autre chose qu'une masselotte biseautée M, au-dessus et sur le milieu de laquelle est brasée une tige coudée, dont la direction de la branche est dans le plan de l'axe de la masselotte.

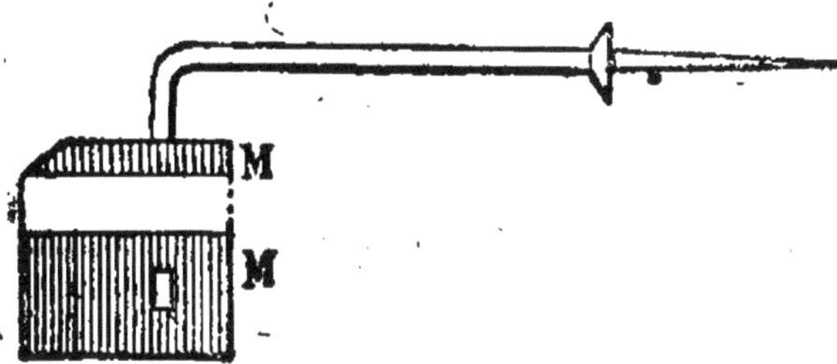

Fig. 4.

On fait des biseaux aussi petits que possible ; il en est même qui permettent de pénétrer dans des creux de 1 millimètre.

LA GRADINE.

La gradine (fig. 5) est un fermoir droit et quelquefois coudé, dont le taillant est dentelé. Elle sert à faire les côtes de certaines feuilles et à produire les nervures des tiges, des fleurons et des écorces d'arbres.

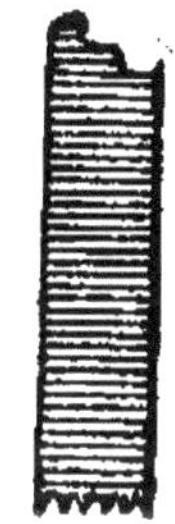

Fig. 5.

LES GOUGES.

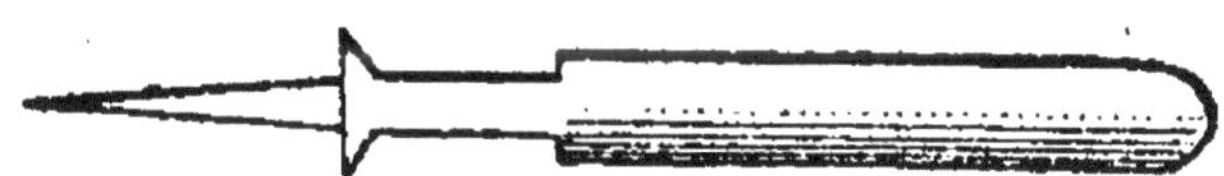

Fig. 6.

La gouge (fig. 6) est un ciseau courbé dans sa largeur, de telle sorte que la lame d'acier (dans l'outil de menuisier) se trouve dans la partie concave.

Quand le tranchant a la forme d'un demi-cercle régulier, on l'appelle *gouge creuse ;* elle se nomme *demi-creuse* quand sa cavité est comprise entre un demi-cercle et un quart de cercle; et, enfin, elle est *méplate* quand sa courbe est moindre d'un quart de cercle.

La gouge est *droite* quand la lame est dans le prolongement de la tige (fig. 7); elle est *coudée*

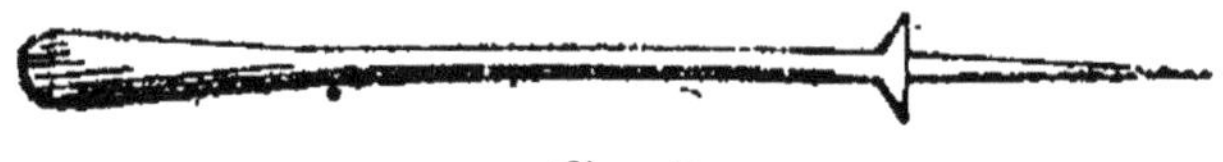

Fig. 7.

(fig. 8) quand la tige est courbée en S; elle est

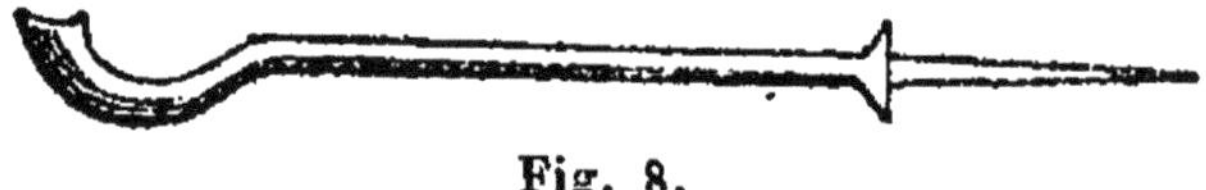

Fig. 8.

contre-coudée (fig. 9) quand l'ouverture de la

Fig. 9.

gorge, au lieu de se trouver vers l'intérieur du coude est tournée vers l'extérieur; le tranchant de la gouge peut aussi être taillé en gradine, elle prend alors le nom de *gouge brettée*.

Presque tous les objets sculptés pouvant être considérés comme une suite de surfaces convexes ou concaves plus ou moins cylindriques ou sphériques, on comprend le rôle important que jouent les gouges dans la sculpture sur bois; aussi devra-t-on en avoir un assortiment de chaque espèce et de plusieurs pas, c'est-à-dire représentant des fractions de cercles de rayons différents.

LES RAPES

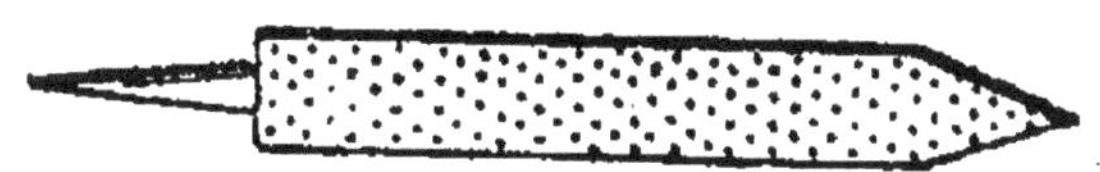

Fig. 10.

La râpe (fig. 10) est une sorte de lime dont les plans sont hérissés de dents ou pointes saillantes. Elle peut, dans les travaux d'une certaine dimension, remplacer la gouge ou le ciseau pour arrondir les angles ou pour lisser les parties qui doivent avoir une forme régulière, mais on doit en user avec la plus grande discrétion, car la véritable sculpture doit être obtenue par le ciseau, le fermoir ou la gouge, et elle n'admet pas ces moyens expéditifs qui ont presque toujours pour résultat de donner trop de raideur et de sécheresse aux contours.

La râpe est plate des deux côtés, ou plate d'un côté et arrondie de l'autre, ou complétement ronde et en cône long; elle va généralement en diminuant de la base à son extrémité. Quelques-unes sont coudées à l'extrémité de manière à former une courbe ou un angle droit afin d'agir dans les parties creusées.

Les dents de la râpe sont plus ou moins prononcées et espacées, selon la nature du bois sur lequel on veut agir et la quantité que l'on a à enlever, aussi distingue-t-on la *râpe forte* et la *râpe moyenne*.

La râpe, en passant sur le bois, le déchire et le rend rugueux à l'œil et au toucher, on enlève ses aspérités au moyen de la *lime bâtarde*, es de lime qui, au lieu d'être sillonnée de raies croisées, n'a ses raies que dans un seul sens. Cet outil a l'avantage de donner au bois un poli d'autant plus complet que ses raies sont plus rapprochées.

LES RIFLOIRS.

Pour achever de polir certains creux destinés à être vus et dans lesquels la gouge ne pénètre qu'avec peine, on se sert de *rifloirs* (fig. 11),

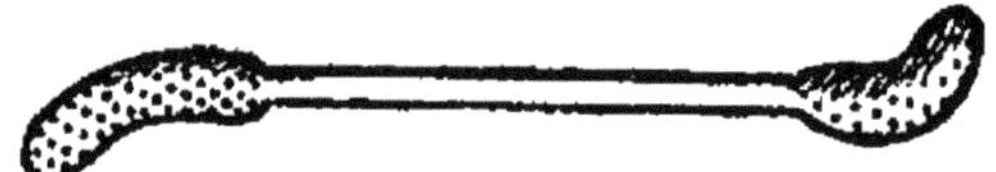

Fig. 11.

sortes de râpes à petites dents et de limes bâtardes à raies serrées, qui sont de formes pointues, plates ou méplates, droites ou coudées, selon le besoin. Ces sortes d'outils sont souvent d'un grand secours, aussi doit-on en avoir un assortiment de toutes les formes.

LE TIERS-POINT.

Le tiers-point, lime triangulaire, ne sert au sculpteur que dans l'affûtage de la scie, nous renvoyons le lecteur à cet article, page 47.

LE VILEBREQUIN.

Cet outil (fig. 12), qui sert à percer le bois, est d'un usage très-répandu, il se compose d'une tête de bois T en forme de champignon, renforcée d'une virole en fer V à sa partie inférieure, dans

laquelle on introduit, suivant son axe, un bou-
lon en fer B qui est adapté perpendiculairement à

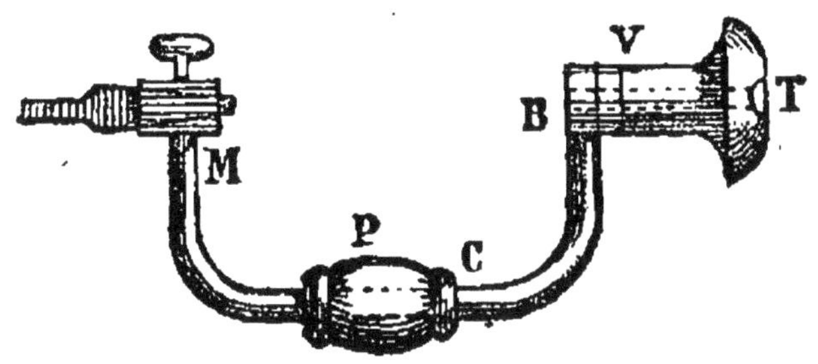

Fig. 12.

une tige ronde de fer, ayant la forme d'un C ;
l'extrémité de ce C est renforcée en M et percée
d'un trou carré dans la direction de l'axe de la
tige; on le perce, en outre, sur le côté, d'un trou
qui reçoit une vis de pression destinée à fixer la
mèche qui doit être introduite dans le carré.
Vers le milieu du C se trouvent deux renflements
entre lesquels on adapte un morceau de bois
percé en son milieu P et tournant librement; il
sert à faciliter le mouvement que la main droite
imprime à l'instrument.

La Mèche à cuillère.

Le *carré* du vilebrequin peut recevoir
différentes mèches de toutes forces; la
mèche la plus ordinaire et aussi la plus an-
cienne, est celle à cuillère (fig. 13), que
l'on peut comparer à une gouge creuse
dont la partie inférieure serait légèrement
relevée, de manière à avoir prise sur le
bois; elle sert particulièrement à percer Fig. 13.

des trous dans le bois debout, c'est-à-dire dans le sens des fibres du bois.

La Mèche anglaise.

Cette mèche (fig. 14) est composée d'une lame plate à l'extrémité de laquelle se trouvent deux cannelures donnant naissance à trois pointes ; celle du milieu sert à fixer la mèche au centre du trou que l'on veut faire, les deux autres sont relevées, chacune en sens inverse de l'autre, et aiguisées de manière à mordre dans le bois. Cette mèche sert à faire des trous parfaitement ronds et à fonds plats.

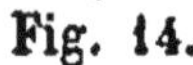

Fig. 14.

La Mèche française.

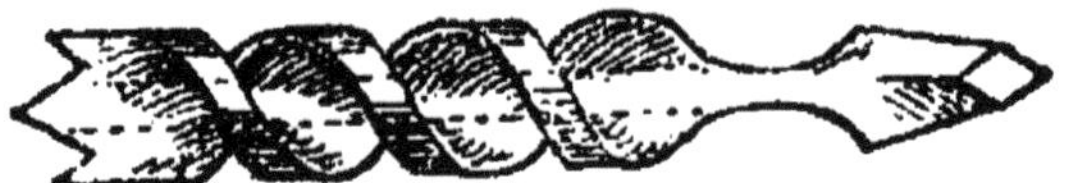

Fig. 15.

La mèche française (fig. 15) est un ruban d'acier tourné en hélice ; de l'axe de cette hélice sort une pointe taraudée que l'on visse préalablement au milieu de la partie qui doit être creusée ; les deux angles opposés du ruban sont légèrement relevés dans le sens de leur pas et aiguisés. Cette mèche peut remplacer la mèche à cuillère, car elle a autant de puissance qu'elle dans le bois debout, et elle fait ses trous aussi ronds que la mèche anglaise ; elle peut donc à elle seule remplacer les deux autres.

LA VIS D'ARCHIMÈDE.

Un instrument non moins utile que le vilebrequin et qui permet de faire des trous plus petits avec une plus grande facilité, est la *vis d'Archimède* ou *foret rotateur* (1) (fig. 16). C'est une tige

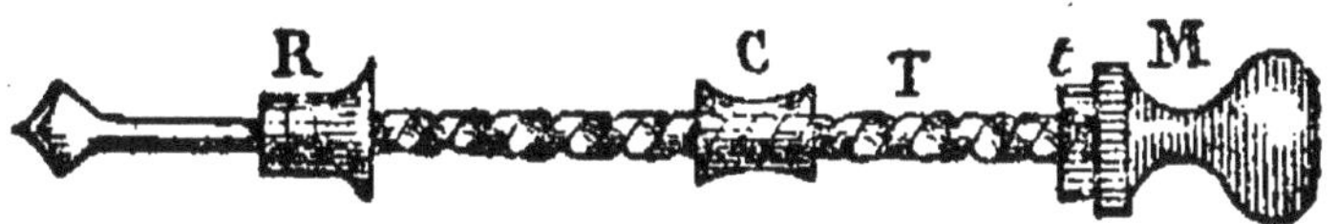

Fig. 16.

de fer T à 4 ou 5 pans tournés en hélice ; on l'entre dans un manche M perforé suivant son axe, à l'extrémité duquel se trouve un tourillon *t* qui arrête la tige et lui laisse toute liberté de rotation ; à l'extrémité opposée de la tige est un renflement R percé dans la direction de l'axe et qui sert à recevoir la mèche. Celle-ci est grosse comme une aiguille à tricoter, aplatie à son extrémité ; les angles sont abattus et aiguisés et forment un angle obtus. Un curseur C est enfilé dans la tige, dont il embrasse exactement le contour, il suffit de le faire monter et descendre pour faire tourner la mèche alternativement dans les deux sens et la faire mordre dans le bois. Il est nécessaire d'avoir un jeu de mèches de différentes forces.

Les forets rotateurs les meilleurs sont ceux dont la tige a le moins de pans, car alors la virole en cuivre qui s'adapte au curseur résiste plus longtemps et s'émousse moins. Il faut aussi choisir

(1) Cet instrument porte encore d'autres noms, tels que : *tourel, drille*, etc.

ceux dont la mèche fait le plus de tours en portant le curseur d'une extrémité à l'autre ; le trou se fait plus promptement et il y a économie de force.

LA VRILLE.

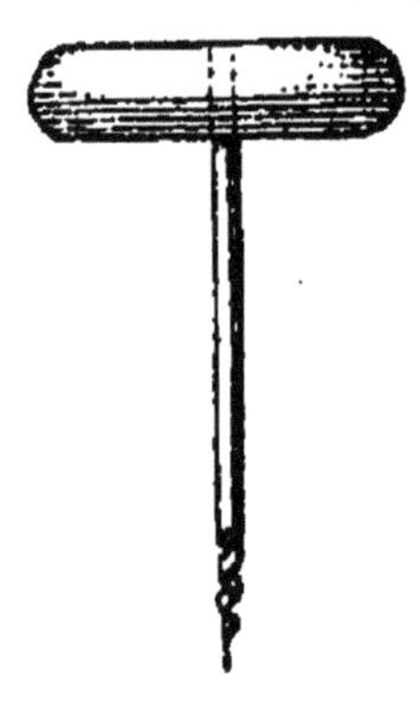

La vrille (fig. 17) est une tige de fer qui s'emmanche dans un morceau de bois qui lui sert de tête, disposé de manière à donner à l'ensemble la forme d'un T, dont la tige serait le corps ; elle est terminée par un bout taraudé en forme de tire-bouchon. Elle peut être suppléée par la vis d'Archimède.

Fig. 17.

LES MAILLETS.

Les sculpteurs sur bois se servent souvent de deux sortes de maillets, l'un à *tête carrée*, l'autre en forme de *bouteille*.

Le Maillet à tête carrée.

Il se compose d'une masse de bois (fig. 18) taillée carrément, de 15 centimètres de longueur sur 7 centimètres dans les deux autres dimensions et coupée, dans le sens de sa longueur, sur ses faces supérieure et inférieure, de manière à présenter un léger arc de cercle dirigé vers l'intérieur de l'outil. Cette tête est percée perpendiculairement à son axe, d'un trou cylindrique qui la traverse de part en part, dans lequel on enfonce un manche qui ressort vers la partie concave de

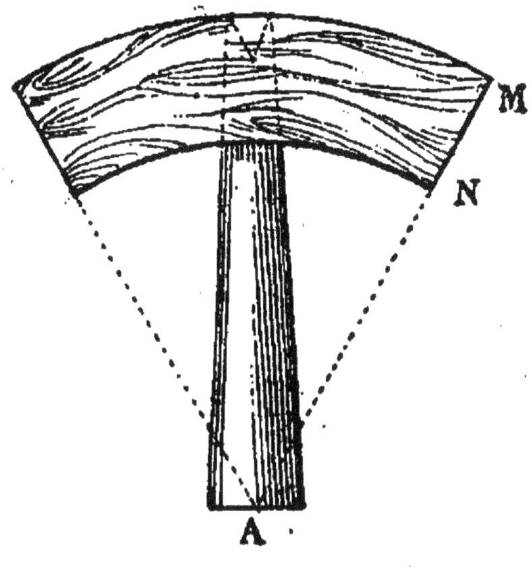

Fig. 18.

18 à 20 centimètres, et à la partie convexe de 10 à 12 millimètres. On fend cette dernière extrémité et on y introduit un morceau de bois dur qui fait *coin*, on frappe fortement afin de l'enfoncer dans le manche; les côtés s'écartent et adhèrent ainsi à toutes les parties du trou fait dans la tête, on coupe ensuite l'excédant et le manche ainsi *forcé* est définitivement fixé. Son autre bout, qui sert à manier le maillet, doit être un peu renforcé afin de mieux être en main. La fente du manche doit être faite dans un sens perpendiculaire ou oblique à la direction des fibres du bois de la tête, sans cette précaution, cette dernière partie serait exposée à éclater sous le forcement du coin.

La tête doit être d'un bois solide ayant cependant assez de liant, tel que le charme ou le frêne. Sa courbure est ordinairement un arc de cercle dont le centre est l'extrémité du manche, ayant alors le rayon A M à l'extérieur, A N à l'intérieur, et compris dans une longueur de 18 à 20 centimètres, mesurés dans son axe.

Le Maillet en forme de bouteille.

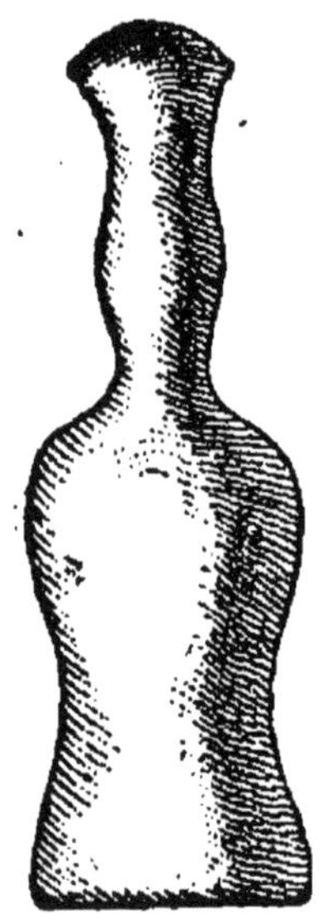

Fig. 19.

Ce maillet (fig. 19) est fait d'une pièce et a la forme d'une bouteille légèrement concave vers le milieu du corps et renflée au milieu du goulot; il est fait du même bois que le précédent et a sur lui l'avantage de pouvoir se tourner dans la main et de présenter toujours une surface avec laquelle on peut frapper. Il a ordinairement de 28 à 30 centimètres de longueur, sa poignée en a de 12 à 14, et on donne 10 à 12 centimètres au corps de la bouteille.

LES COMPAS.

On en distingue de deux sortes : le *compas ordinaire* et le *compas d'épaisseur*.

Le Compas droit.

On sait que le compas droit ou ordinaire est composé de deux tiges de fer réunies par une charnière qui permet de les rapprocher et de les éloigner à volonté, et terminées par deux pointes d'acier ou de cuivre.

Le Compas d'épaisseur.

Le compas droit (fig. 20) sert à prendre les distances sur des surfaces planes, mais quand on veut les prendre sur des surfaces rentrantes dominées par des surfaces convexes, il devient d'un usage impossible ; on se sert alors du compas d'épaisseur qui diffère du compas ordinaire en ce que ses branches sont recourbées à leur extrémité.

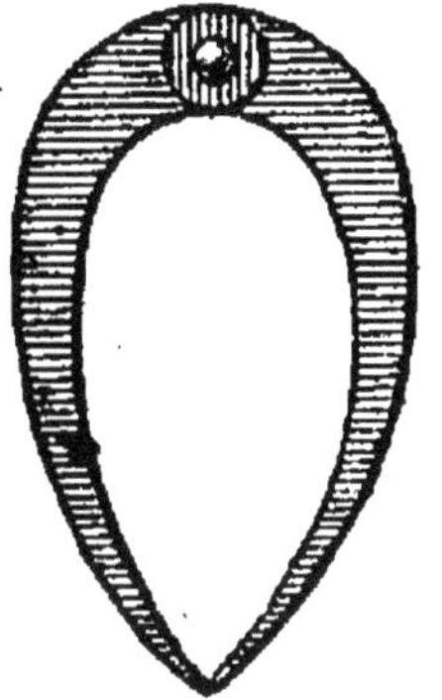

Fig. 20.

Le Compas maître-de-danse.

Le compas d'épaisseur est avantageusement remplacé par un autre instrument qui fait double emploi, et auquel on a donné le nom bizarre de compas maître-de-danse (fig. 21). Il est composé

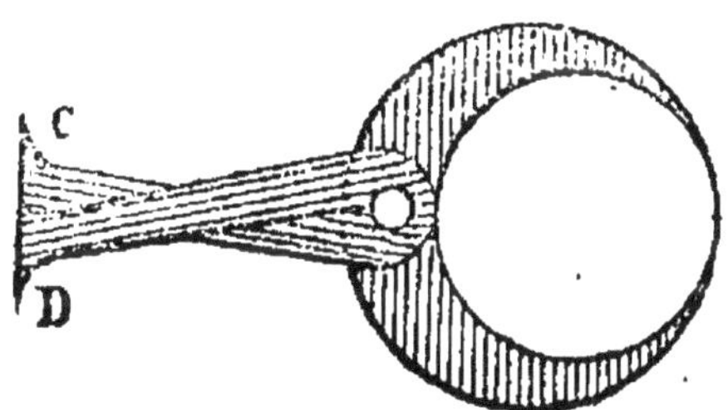

Fig. 21.

de deux branches qui sont courbées en arc de cercle et réunies à leur coude par une charnière ;

les pointes des branches du croissant servent à prendre les distances extérieures, et avec la partie des branches droites qui sont repliées perpendiculairement à leur extrémité, on relève les dimensions des parties rentrantes dans le sens inverse, car la distance de l'extrémité des pieds C D étant la même que celle qui sépare la pointe des branches quand le compas est fermé, il en résulte qu'en l'ouvrant l'écartement reste toujours le même de part et d'autre. L'instrument peut alors servir de compas ordinaire et de compas d'épaisseur.

LA SCIE.

Quand on voudra faire une sculpture à jour, soit qu'elle doive être rapportée ou rester libre, comme dans les cadres, il faudra préalablement faire scier les jours dans l'épaisseur du bois. Plusieurs sculpteurs ont de ces petites machines aussi commodes qu'élégantes au moyen desquelles on peut découper seul le bois sans le secours d'aucun aide et faire les dentelures les plus fines (nous donnons à la fin de cet ouvrage, page 113, la description de quelques-unes de ces machines et des différentes manières de procéder). Mais il pourra se faire que ces jours soient assez peu délicats pour que le sculpteur les fasse sans le secours de ce supplément d'outillage, il se servira alors de la *scie allemande* à chantourner (fig. 22).

Elle ne diffère des scies communes que par la largeur de la lame et la manière dont elle est fixée aux traverses. Elle est composée de deux traverses T réunies par un montant M, dans le

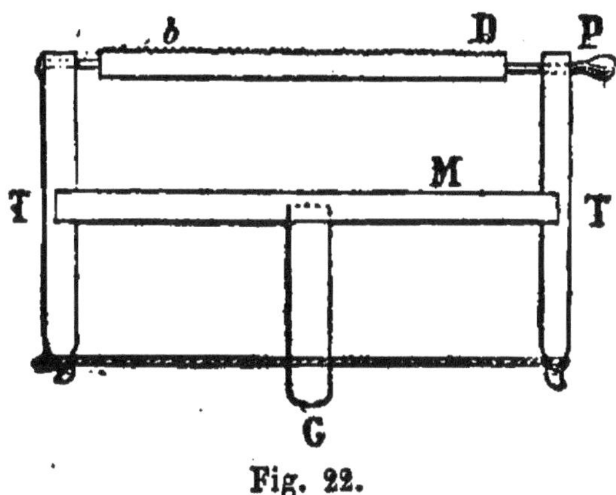

Fig. 22.

tenon duquel elles pénètrent; à l'extrémité des
traverses, d'un même côté du tenon, on a percé
dans chacune d'elles un trou cylindrique dans
lequel on a passé un boulon en fer, la tête placée
en dehors de la monture; la tête de l'un est fen-
due en *b* et celle de l'autre est garnie d'une mâ-
choire en fer B; à la tête de celui-ci est fixée une
poignée P en bois qui permet de le faire tourner
dans tous les sens suivant son axe. C'est dans
cette mâchoire et la rainure du premier boulon
qu'est introduite la lame de la scie qui est fixée
par des vis. A l'autre extrémité des traverses se
trouve une entaille dans laquelle on passe une
double corde C qui sert à tendre la lame; pour y
arriver, on introduit un morceau de bois G en
forme de latte appelée *garrot* entre les deux
cordes et vers le milieu; on fait faire plusieurs
tours qui tordent la corde, la raccourcissent et
rapprochent les deux branches des traverses, les
deux traverses opposées s'éloignent alors et don-

nent à la lame une rigidité d'autant plus grande que la corde a été plus tendue. Quand on juge la tension suffisante, on fixe le garrot dans une mortaise pratiquée au centre du montant.

Cette disposition de la lame permet de lui donner tous les mouvements de rotation autour de son axe, pour cela on la détend, on lui imprime, au moyen de la poignée, la direction désirée, on la dégauchit à l'autre extrémité et on retend la corde. La dimension moyenne de cette scie doit être, pour le sculpteur, de 50 centimètres environ.

On doit avoir des lames de différentes largeurs : pour le trait de scie droit, il en faut une de 3 centimètres. Quant aux autres, elles devront être d'autant plus étroites que la courbe à chantourner sera plus petite. Ces lames ne devant couper que des bois secs et d'un grain serré, devront avoir les dents petites et serrées.

Il faut avoir soin, chaque fois qu'on cessera de se servir de la scie, de lâcher le garrot pour détendre la corde ; d'abord pour ne pas la fatiguer et ensuite pour éviter que la corde qui subit les influences atmosphériques n'arrive à une trop grande tension et ne casse les traverses ou le montant. (Voir, page 47, la manière d'aiguiser et d'entretenir la scie.)

L'ÉTABLI.

On donne le nom d'établi à une sorte de banc sur lequel on fixe l'objet que l'on veut travailler.

L'*établi ordinaire* se compose d'une *table* qui

a d'habitude 50 centimètres de largeur sur 1ᵐ.50 de longueur et une épaisseur de 6 à 7 centimètres. Il doit être en orme ou en hêtre, bois assez durs et surtout très-lourds, considération importante, car il faut que l'établi ne puisse être ébranlé facilement.

Les quatre pieds sont en chêne très-fort, leur hauteur varie suivant la taille de la personne à qui est destiné l'établi; il doit être tel que l'on puisse travailler debout et assis sur un siége un peu élevé. Ces pieds sont unis à la table de la manière la plus solide et assemblés à enfourchement double; ils sont unis par le bas à 15 centimètres de leur extrémité par une traverse qui les enveloppe et dont l'assemblage est fixé par des tenons. On peut réunir la partie inférieure des traverses par des planches, on forme ainsi une demi-boîte qui sert, soit à mettre des outils, soit à y placer de grosses pierres pour augmenter la résistance de l'établi, quand on doit lui faire supporter de grands chocs, comme dans l'ébauche des gros ouvrages.

LES PRESSES.

La menuiserie emploie des valets pour fixer le bois sur l'établi, mais cet outil a une force trop brutale, exerce une pression peu constante et il en faudrait souvent quatre ou cinq à la fois, ce qui embarrasserait l'établi et gênerait dans le travail; on les remplace avantageusement par les *presses à main*.

La Presse à main.

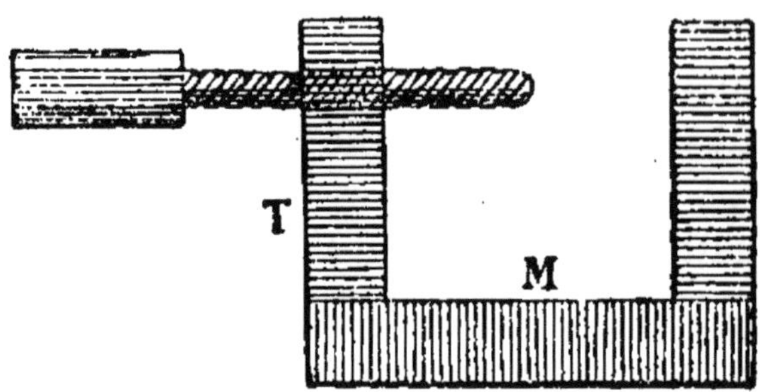

Fig. 23.

Elle est formée d'un montant M (fig. 23) auquel sont assemblées des traverses T à enfourchement double; l'une de ces traverses est percée d'un trou taraudé dans lequel se meut une vis en bois V à manche octogonal, pour donner plus de prise à la main. Si on veut fixer une planche sur une table, par exemple, on place l'instrument la vis en dessous, de telle sorte que la planche et la table se trouvent entre la vis et le montant supérieur, et ou tourne jusqu'à ce que les deux objets soient suffisamment serrés.

On en emploie souvent plusieurs pour fixer un même ouvrage, mais il faut avoir soin, si on ne veut pas détériorer l'objet sur lequel pèse l'extrémité de la vis, de le protéger par de petites planches de bois tendre.

La Presse en fer.

On fabrique aussi des presses à main en fer, mais elles sont plus petites que les précédentes, le montant et les traverses sont d'une seule pièce, la tête de la vis est ordinairement à oreilles.

Bien que ces presses puissent supporter une plus forte pression que celles qui sont en bois, il faut cependant se garder de les laisser trop longtemps tendues chaque fois que l'on s'en sert.

La Presse allemande.

On comprend que les presses ne peuvent arriver à fixer tous les ouvrages; ainsi, elles deviennent impossibles pour ceux qui exigent une pression de côté. Pour obvier à cet inconvénient, on introduit dans l'établi la *presse allemande*, dont l'usage est de la plus grande utilité pour le sculpteur. Elle consiste en une boîte dans laquelle on met un ou plusieurs mentonnets; elle est traversée d'une vis qui lui fait faire charriot, et permet ainsi d'avancer ou de reculer le mentonnet selon le besoin.

L'établi, qui doit alors avoir au moins 10 centimètres d'épaisseur, est percé de plusieurs ouvertures carrées dans lesquelles on peut placer des *mentonnets* (fig. 24), chevilles en bois qui prennent exactement dans la partie creusée et retenues par une tête carrée de 2 à 3 centimètres de rebord qui pose sur l'établi. C'est entre deux de ces mentonnets, dont l'un fixé dans l'établi, l'autre rendu mobile, que la planche sur laquelle on doit travailler est assujettie.

Fig. 24.

On pratique dans la table une entaille (fig. 25) de 30 centimètres dans le sens de la longueur, et de 25 centimètres dans la profondeur; on fait sur le fond F une entaille longitudinale que l'on creuse en rainure, en laissant une épaisseur de

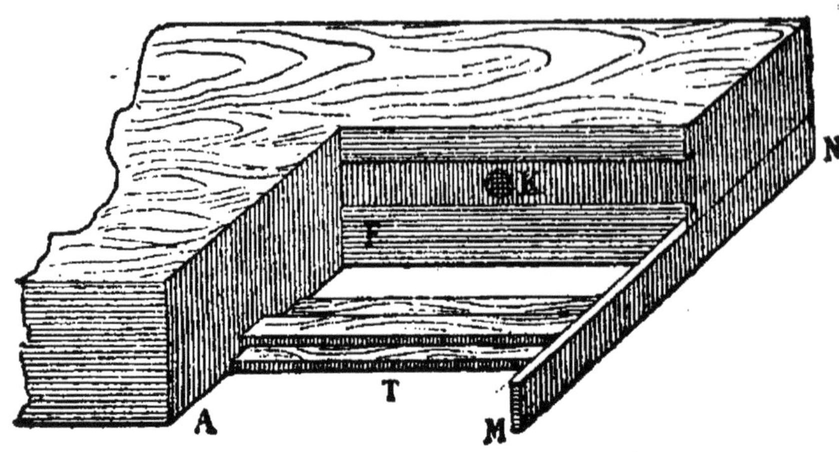

Fig. 25.

15 centimètres environ, de manière qu'une planche puisse facilement y glisser à coulisse. On assjettit avec des vis, au bout de la table, une traverse MN assez forte qui se prolonge jusqu'à hauteur du grand côté, de sorte que l'extrémité M soit au niveau de A. Une seconde traverse T, taillée à queue d'aronde, est solidement fixée au-dessous de la première MN et au côté de la partie échancrée. C'est dans cet encastrement ainsi disposé que l'on place la boîte dont voici la description aussi simplifiée que possible.

La partie principale de la boîte est la tête B, représentée dans la figure 26, qui doit venir s'appliquer contre la partie latérale de l'établi, en glissant par une échancrure E dans la queue d'aronde de la traverse T, qui dirigera en ligne droite le mouvement de la boîte. C'est dans sa partie supérieure que l'on place un ou plusieurs mentonnets *m* qui doivent appuyer le bois à travailler contre ceux déjà placés dans l'établi. La planche C, qui est à l'extrémité de la boîte, est plus courte de la hauteur de la traverse MN (fig. 25), et percée d'un trou dans lequel doit passer la vis. La planche de dessus joint les deux planches latérales qui le sont encore à leur angle extérieur et inférieur par une traverse *b c*. La planche de derrière P (fig. 26) est taillée à lan-

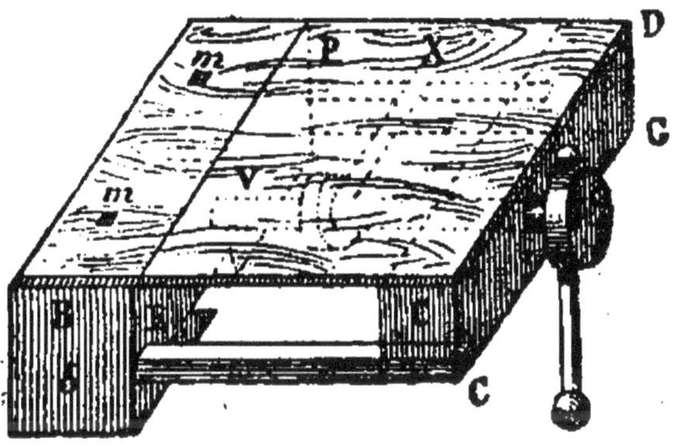

Fig. 26.

guette de manière à courir dans la rainure creusée dans le fond de l'entaille F (fig. 25); elle est de la largeur DG de la planche C (fig. 26), de manière à reposer sur la traverse MN, quand on fait mouvoir la boîte.

Toutes ces planches doivent être assemblées à feuillures et à vis.

Voici maintenant comment on fait mouvoir cette boîte : on passe la vis V (fig. 26) dans la planche C, puis dans un écrou X, dont la queue, passant dans la fente longitudinale de la planche du fond, va se fixer en K (fig. 25) dans l'établi où elle est maintenue par deux boulons qui la traversent (fig. 27) ; la vis est ensuite enfoncée

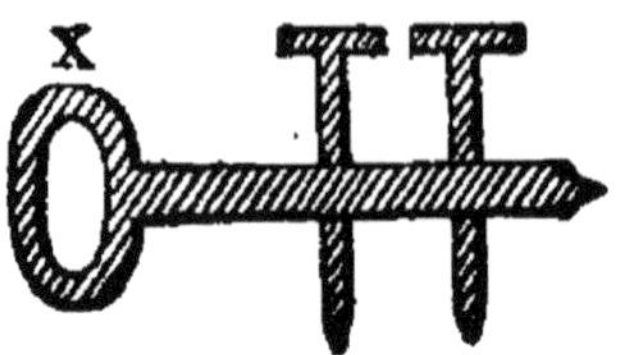

Fig. 27.

dans la planche B (fig. 26), dans laquelle elle est attachée par un boulon qui lui permet de tourner librement sans s'en détacher.

Si maintenant la boîte est placée dans son encastrement de la figure 25, et qu'on fasse tourner la vis au moyen d'une tige de fer placée dans le trou pratiqué à la tête, on comprend que la boîte, soumise au mouvement de la vis qui tourne dans son écrou X, avancera ou reculera tout en restant dans le plan de l'établi, puisque la traverse T (fig. 25) la maintiendra à la même hauteur, et que la planche P, en glissant dans la coulisse du fond F, la rendra toujours adhérente à l'établi. On pourra ainsi calculer dans la construction le maximum du recul de la boîte, d'après la partie de la vis comprise entre l'écrou X et son entrée V dans la planche B (fig. 26).

Ainsi, quand on voudra fixer une pièce quelconque sur l'établi, on la placera entre les mentonnets qui sont dans l'établi (et seront avancés ou reculés selon la dimension de l'objet), et ceux de la boîte, et on tournera la vis jusqu'à ce que les mentonnets mobiles pressent le bois contre ceux de l'établi.

La Presse mobile.

La presse allemande que nous venons de décrire, bien que d'une utilité incontestable, oblige à avoir un établi complet et devient impossible aux personnes qui ne peuvent loger chez elles un appareil aussi encombrant, ou à celles qui sont appelées à voyager. On pourra, dans ces deux cas, la remplacer avantageusement par un appareil très-simple que nous appellerons *Presse mobile*, qui peut se mettre sur une table quelconque et tient très-peu de place dans une malle.

Elle consiste en une planche de bois d'orme ou de hêtre qui a une longueur de 55 centimètres dans le sens de son fil, une largeur de 40 centimètres et une épaisseur de 6 centimètres. La figure 28 représente une coupe suivant l'axe de la

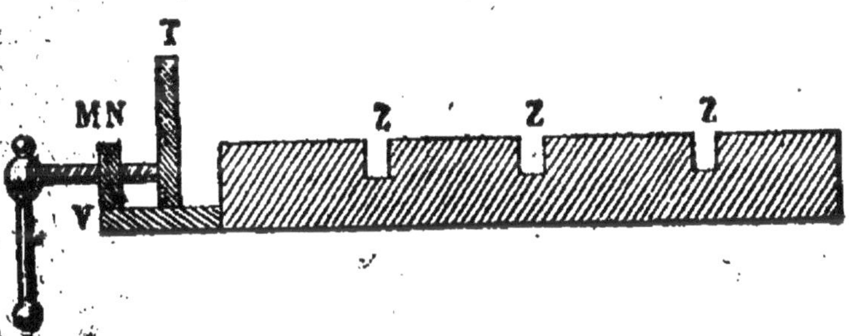

Fig. 28.

planche, et la figure 29 est la coupe du côté sur lequel vient déboucher l'entaille. On creuse dans l'un de ses petits côtés une entaille de 25 millimètres de largeur, 9 centimètres de longueur et 5 centimètres de profondeur, elle est évasée à l'intérieur de manière à présenter (fig. 29) un trapèze

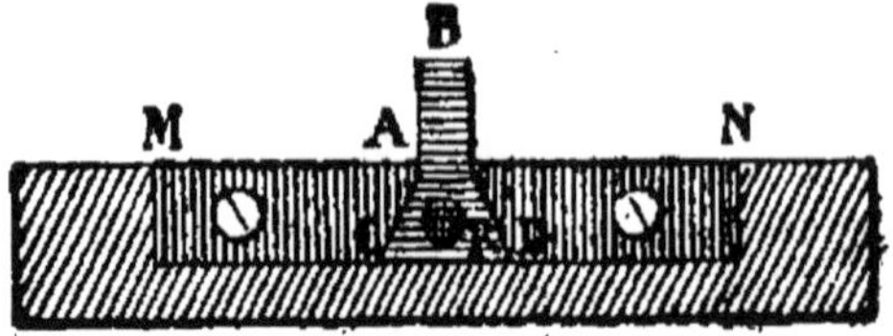

Fig. 29.

A, B, C, D, dont le plus large côté parallèle formerait la base C, D. Dans cette entaille, on introduit un curseur T, C, D qui s'encastre dans l'entaille A, B, C, D, et la dépasse de 5 centimètres sous la forme d'un rectangle T ; son épaisseur est de 1 centimètre, puis l'ouverture est fermée par une plaque en fer M, N, solidement vissée, dans laquelle on aperçoit un trou taraudé destiné à donner passage à une vis V qui vient se boulonner au centre R du trapèze du curseur. Dans la tête de la vis se trouve une tige en fer qui permet de la tourner. La planche est percée de plusieurs trous Z destinés à recevoir des mentonnets en bois.

Si, maintenant, on veut fixer un ouvrage sur cette presse mobile, on le place entre le curseur, reculé contre la plaque en fer et le mentonnet et on serre la vis jusqu'à ce qu'il soit pris entre ces deux mentonnets.

Les trous des mentonnets doivent être percés à 5 centimètres de profondeur seulement, le bois qui reste sert à donner de la solidité à la planche.

Cette presse est assez lourde par elle-même pour résister à un travail ordinaire ; si on craint cependant qu'elle bouge, il suffit de la fixer à la table au moyen d'une presse à main.

LA VIS ANGLAISE.

La presse allemande, n'opérant sa pression que sur les côtés, devient insuffisante quand on veut sculpter en ronde-bosse, car, ici, la force des coups étant alors dirigée sur la verticale ou axe de l'objet, c'est dans cette direction que doit se trouver la résistance, c'est-à-dire l'appui.

On se sert alors de la *vis anglaise* (fig. 30) qui

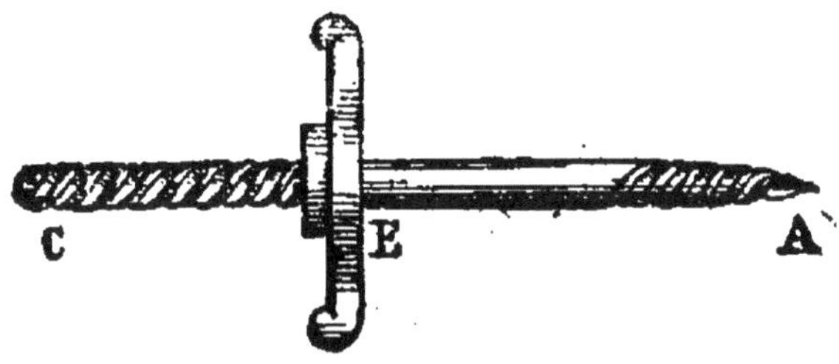

Fig. 30.

est composée d'une tige d'acier taraudée d'un pas de vis carré C à sa partie inférieure, dans lequel on engage un écrou à branches E, et se terminant par un pas de vis en spirale d'une forme conique A. On enfonce cette dernière partie de la vis en-dessous du bois que l'on veut travailler, suivant une perpendiculaire à cette base qui a été préalablement bien aplanie; on passe ensuite la partie C dans un trou pratiqué dans l'établi, on engage l'écrou et on serre jusqu'à ce que le bois soit bien fixé à la table.

Voir, page 68, la manière d'introduire la vis dans le bois.

L'ÉTAU D'HORLOGER.

L'indication que nous venons de donner des outils propres au sculpteur ne serait pas complète si nous omettions de parler de l'étau d'horloger qui ne peut servir dans la sculpture proprement dite, mais qui est d'un grand secours à l'artiste pour emmancher ses outils, les façonner comme il sera indiqué page 49, et enfin travailler le fer et l'acier.

Cet étau se compose (fig. 31) de deux mâchoi-

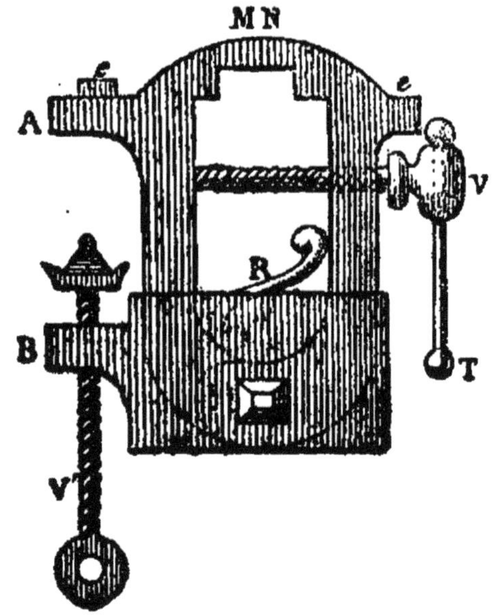

Fig. 31.

res **M, N**, dont les branches inférieures sont unies ensemble par un boulon solide **C**, autour duquel elles peuvent jouer. La mâchoire **N** est percée d'un

trou taraudé dans lequel glisse librement une vis
V qui vient s'engager dans la mâchoire M; une
tige en fer T, passée dans la tête de la vis, per-
met de la tourner; on comprend alors que, selon
le tour que l'on donne à la vis, l'étau s'ouvre ou
se ferme. L'écartement des vis est encore aidé par
le ressort R trempé et placé à leur jonction. Afin
de pouvoir fixer facilement l'étau sur une table,
on donne à la branche M deux renflements A et B;
ce dernier est percé d'un trou taraudé dans lequel
glisse une vis V' surmontée d'une plaque hérissée
de clous saillants, l'autre, A, a également plu-
sieurs pointes à sa partie inférieure. On place
l'étau de façon que la table soit prise entre deux
griffes, et on serre la vis; les pointes s'enfoncent
dans le bois et contribuent, sous la pression de la
vis, à fixer l'étau à la table. Des renforts placés
en *e* servent d'enclumes.

CHOIX DES OUTILS ET DE LEUR QUALITÉ.

Le choix des outils est d'une très-grande impor-
tance pour le sculpteur, tant pour la facilité du
travail que sous le rapport économique.

Les outils sont ordinairement faits de deux fa-
çons différentes; ils sont *droits* quand le pas de
l'outil est prolongé suivant toute la longueur de
la lame, jusqu'à la tige (fig. 32), et on appelle ou-

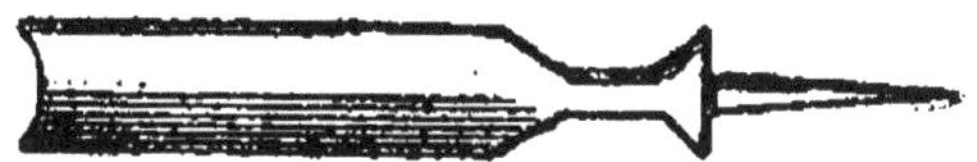

Fig. 32.

tils *anglais* ou *en gaîne* (fig. 33) ceux dont le pas

Fig. 33.

ne prend qu'une faible partie de la lame, 2 ou 3 centimètres environ. On comprend de suite l'avantage des outils droits sur ceux en gaîne; dans ceux-ci, la moindre brèche faite au tranchant, qui oblige à les affûter de nouveau, raccourcit sensiblement l'outil, de plus, le pas allant en diminuant, on arrive bien vite à ne plus pouvoir se servir de la lame, tandis que dans le droit, le pas est le même partout et l'outil peut servir dans toute la longueur de la lame.

Quelle que soit la forme de l'outil, on reconnaîtra qu'il est *bien fait*, quand le fer sera de la même épaisseur dans toute la longueur de la partie de la lame dont l'usage est possib¹e, quand la lame et la tige seront exemptes de fissures ou de pailles qui peuvent déranger le pas ou le biseau, ou les faire casser sous les efforts auxquels l'outil doit résister.

Quant à la trempe, l'usage seul peut en faire connaître la qualité.

MANCHE DES OUTILS
ET MANIÈRE DE LES EMMANCHER.

Pour que l'outil soit bien en main, on l'emmanche dans une poignée en bois (fig. 34) à huit pans qui va en s'élargissant de chaque bout vers le milieu où elle a un diamètre de 2 à 3 centimètres, selon la force de l'outil.

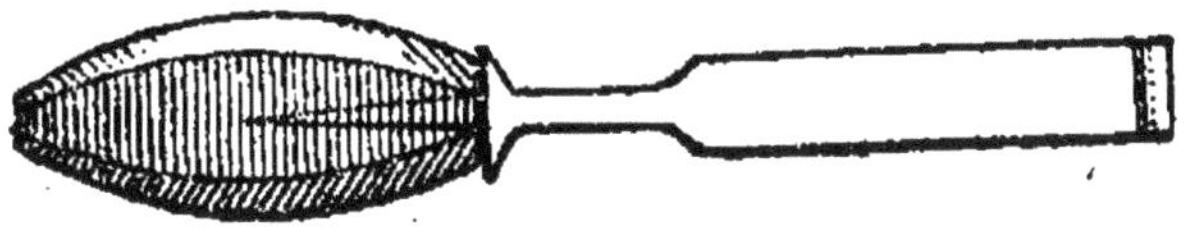

Fig. 34.

Il faut, autant que possible, la choisir assez forte, car les manches trop minces offrent moins de prise et l'exécution fera facilement reconnaître qu'ils fatiguent vite la main par la trop grande contraction des doigts.

Pour y introduire le manche, on perce un trou avec une petite vrille à la base du manche et dans la direction de son axe ; prenant ensuite d'autres vrilles de plus en plus grosses, on les enfonce successivement dans ce trou jusqu'à ce qu'il ait à son orifice un diamètre à peu près égal au talon de la soie. Mais comme il est nécessaire que le trou ait à peu près la forme de cette soie qui va en diminuant, on enfonce de moins en moins les vis à mesure qu'elles augmentent de grosseur, afin de lui donner une forme conique. La soie reste ainsi serrée dans toute sa longueur.

Cette opération faite, quand on voudra emmancher l'outil, on le placera dans l'étau la lame en-dessous, la tige prise dans les mâchoires de l'étau sur lesquelles reposera la manchette, on fera entrer la soie restée en saillie dans le trou du manche et on l'enfoncera en observant de mettre son axe dans la même direction que celui de l'outil ; sans cette précaution, les coups que l'on donnerait sur le manche porteraient à faux et le briseraient inévitablement.

AFFUTAGE, AIGUISEMENT ET ENTRETIEN DES OUTILS.

Le soin que le sculpteur doit prendre de ses outils est d'une importance extrême; leur affûtage doit être surtout l'objet de son attention, car il contribue plus qu'on ne le pense à rendre la sculpture nette et propre. Quelqu'habile que soit la main de l'artiste, son œuvre paraîtra toujours faite avec hésitation et peu de soin s'il travaille avec des outils qui ne coupent pas, les angles saillants sont émoussés, le bois est déchiré, le simple toucher y laisse des traces malpropres, la poussière s'y loge si bien qu'il devient impossible de l'enlever, l'ensemble a une apparence négligée qui fait préférer à cet ouvrage celui d'une main moins exercée, mais travaillé avec des outils bien affûtés; celui-ci aura un aspect de netteté qui plaira au premier coup d'œil et qui, joint à la propreté, contribuera souvent à en faire disparaître les défauts.

Les outils de sculpteur doivent être soumis à deux opérations pour arriver à couper nettement le bois sans y laisser le moindre sillon, l'*affûtage* d'abord et l'*aiguisement* ensuite.

L'Affûtage.

Il consiste à donner au tranchant de l'outil le biseau voulu qui est, ainsi que nous l'avons dit page 12, de 25 à 30 degrés, et d'autant plus court que le bois à travailler est plus dur.

La Meule.

On se sert pour cela d'une *meule* en grès d'un grain fin et égal M (fig. 35), qui doit être assez

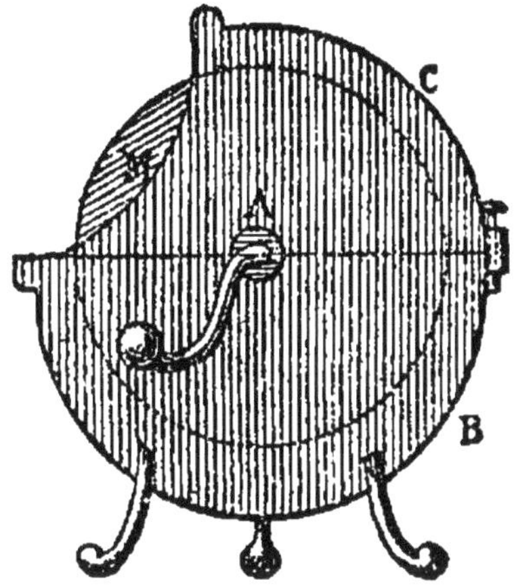

Fig. 35

mou pour garder la trace de l'ongle et exempt de fentes, cavités ou crevasses. Cette meule est percée en son centre d'un trou ou œil, on y passe l'arbre A sur lequel elle doit tourner. Reste maintenant à installer l'arbre de manière à pouvoir faire tourner la meule. Voici, entre plusieurs appareils connus, un des plus commodes comme usage et comme propreté : il se compose (fig. 35) d'une boîte B, demi-circulaire, ayant dans toutes ses proportions 2 centimètres de plus que la moitié de la meule ; au centre de son diamètre se trouve en A une ouverture qui fait coussinet, dans laquelle on pose les collets ou parties cylindriques de l'arbre, à l'une des extrémités duquel on passe une

manivelle qui permet de faire tourner la meule.
On verse dans cette boîte la hauteur de 4 centi-
mètres d'eau afin de baigner la partie inférieure
de la meule, et, pour qu'elle ne mouille pas, pen-
dant l'affûtage, le meuble sur lequel on pose l'ap-
pareil, on recouvre la pierre d'un capuchon C ayant
environ un quart de cercle de manière qu'on n'a-
perçoive que la partie nécessaire pour l'affûtage.

Avant de se servir de la meule, il faut se rap-
peler que le tranchant de l'outil, *quand celui-ci
n'est pas entièrement en acier fondu*, doit tou-
jours se trouver sur la *planche*, c'est-à-dire sur la
lame d'acier; que cette planche se trouve sur un
des côtés pour les ciseaux, gouges droites ou cou-
dées, et au milieu pour les fermoirs.

Veut-on maintenant se servir de la meule, on
la fait mettre en mouvement et on lui présente
le ciseau l'acier en dessus et le fer en dessous en
le tenant de la main gauche par le manche, et
appuyant de la main droite, qui doit faire ici
l'office de pilote. Quand la surface usée par la
meule s'unit à la planche par un angle bien vif
et une ligne parfaitement droite, et qu'on aper-
çoit une sorte de rebroussement rejeté à l'exté-
rieur de la planche, c'est-à-dire le morfil, l'outil
est affûté.

On comprend que cette opération doit être ré-
pétée deux fois pour le fermoir.

Quant à la gouge, on la tient de la main droite
en appuyant la lame de la main gauche, et on
la fait tourner sans cesse afin de l'user égale-
ment sur toute sa convexité.

Le grès carré.

On se sert aussi, au lieu de grès en forme de meule, du *grès carré*, ce qui permet d'affûter sans le secours d'aucun aide ; on tient alors l'outil, quel qu'il soit, de la main droite, on pose la main gauche sur la lame, et l'on frotte le fer jusqu'à ce que la planche soit affûtée. Il faut avoir soin, dans ce mode de procéder, de donner toujours à l'outil la même inclinaison, sans cela l'affût est convexe au lieu d'être droit, l'angle du biseau devient moins aigu et le tranchant pénètre moins facilement dans le bois.

Il est toujours nécessaire de mouiller la pierre sur laquelle on veut affûter, sans cela le fer s'échauffe, et, arrivé à un certain degré, la trempe s'affaiblit et finit même par disparaître entièrement.

Aiguisement.

Quelque bien affûté que soit un outil, on remarque toujours, en examinant attentivement son biseau, de petits sillons laissés par le grain du grès, qui donnent un morfil au tranchant et lui impriment des dentelures dont on retrouve les traces sur le bois que l'on coupe ; pour obvier à cet inconvénient, après avoir bien affûté l'outil on l'aiguise afin de lui donner un fil net, dont la coupure fait croire que le bois a été poli. L'aiguisement se fait à *l'huile* ou à *l'eau* sur des pierres molles. Les meilleures sont celles que l'on trouve en Lorraine, elles sont d'un rouge-brun et laissant un angle vif sous la coupure d'un instrument tranchant.

Aiguisement à l'huile.

On verse sur la pierre quelques gouttes d'huile, puis, tenant le manche de l'outil de la main droite et appuyant sur la lame avec la main gauche, on applique exactement le biseau sur la pierre et on frotte en spirale jusqu'à ce que l'on ait fait disparaître les raies de l'affûtage, et que le biseau soit touché. Il est quelquefois nécessaire pour arriver plus facilement à ce dernier résultat, de frotter l'outil du côté de la planche, il faut alors poser la lame bien à plat, sans cela le tranchant est reporté en arrière sur le fer, et toute l'opération est à recommencer.

Il faut toujours essuyer légèrement la pierre après s'en être servi, de manière à enlever le gros de cette sorte de cambouis formé par l'huile, autrement elle s'encrasse et se couvre d'une couche de graisse, ce qui oblige de la nettoyer en la raclant avec un ciseau, et de la frotter ensuite avec du grès pilé pour lui rendre son mordant.

Aiguisement à l'eau.

Il se fait identiquement de la même manière, avec cette différence que l'eau est substituée à l'huile. Il a sur le précédent l'avantage de demander moins de soin de propreté. Quant à la perfection de l'aiguisement, on obtient le même résultat par l'un et l'autre procédé.

Le Pierrier.

Le mode d'aiguisement que nous venons d'indiquer est insuffisant pour enlever le morfil des gouges, puisque la pierre plate ne peut arriver dans les parties creuses ; on se sert alors du pierrier, qui est un jeu de pierres lorraines, d'épaisseurs très-différentes et dont le dos est convexe, elles peuvent ainsi adhérer aux différents pas des gouges et agir sur la planche de ces outils, soit qu'on aiguise en les tenant à la main, soit qu'on les fixe, au moyen d'entailles, sur un morceau de bois pour procéder comme il a été indiqué pour la pierre plate.

Affûtage de la Scie.

On se sert pour affûter la scie (page 18) d'une lime triangulaire appelée *tiers-point*, dont la grosseur est proportionnée à l'écartement des dents de la scie ; elle est montée sur un manche en bois, comme les autres outils, et a ordinairement de 13 à 14 centimètres de longueur. Quand on veut affûter la scie, on serre fortement la lame entre les deux mâchoires de l'étau en la laissant déborder de 5 millimètres entre l'étau et les dents, et à mesure qu'on a limé la partie engagée, on la fait avancer pour engager la suivante. On fait mouvoir la lime dans une direction un peu oblique, afin de donner un peu de biseau aux côtés des dents et de mieux les faire couper. On donne le trait de lime d'un même côté, de deux en deux dents, et on retourne la lame pour répéter la même opération sur les dents qui n'ont pas encore été attaquées. Comme le mordant de la lime laisse souvent des bavures, on la passe ensuite sur le plat de la scie, de manière à enlever cette espèce de morfil.

La scie dont se sert le sculpteur devant être très-fine, il est inutile de lui *donner de la voie,* du reste, si la lame est bien faite, elle doit être plus épaisse sur le devant que vers le talon, ce qui suffit pour lui frayer la voie.

Entretien et nettoyage des Outils.

On se sert, pour empêcher les outils de rouiller, d'une graisse dite *graisse d'armes,* qui se fait de la manière suivante : faire fondre sur un feu doux 125 grammes de graisse de mouton; la passer dans un linge un peu clair; y mêler immédiatement 250 grammes d'huile d'olive de bonne qualité. On obtient ainsi une espèce de pommade blanche qu'il faut avoir soin de couvrir pour la garantir de la poussière.

Il faut, de temps à autre, frotter la lame de l'outil avec un morceau de drap ou d'étoupes imbibé de cette graisse, on empêche ainsi l'humidité ou la transpiration des mains de déterminer la rouille. Cette opération est surtout nécessaire quand on doit être quelque temps sans se servir des outils ou les faire voyager. Dans ce dernier cas il est bon, pour empêcher les lames de s'abimer, en se frottant l'une contre l'autre, de ficher le tranchant de chacune d'elles dans un bouchon qui protège ainsi la partie la plus délicate de l'outil.

Quand les outils sont couverts de rouille, on arrive facilement à les en débarrasser par différents moyens, et, entre autres, en les frottant sur un grès, puis sur une pierre à affiler.

Voici un moyen préférable et plus expéditif : Après avoir nettoyé l'outil avec de l'eau de lessive, page 62, on le frotte avec une éponge imbibée d'essence de térébenthine, puis avec un mélange composé de 1 partie de vernis gras à la résine copale et 3 parties d'essence de térébenthine, au moyen d'une éponge fine fortement imbibée d'abord, et que l'on presse ensuite afin de ne laisser que très-peu de vernis sur la lame. Il faut s'abstenir de passer de nouveau l'éponge quand cette couche est sèche, car on encrasserait l'outil.

MANIÈRE DE MODIFIER SOI-MÊME LA FORME DES OUTILS.

Il arrive fréquemment qu'on ne trouve pas dans le commerce des outils qui répondent aux besoins du travail que l'on doit exécuter, il faut alors les commander, et malgré les explications et les dessins donnés à l'ouvrier, on n'arrive souvent pas à obtenir ce que l'on désire ; le plus simple alors est de se les confectionner soi-même, soit en modifiant la forme de ceux que l'on a, soit en travaillant de vieux outils usés, qui ne peuvent plus satisfaire à leur destination première.

L'outil, tel qu'il est fait, ne peut être travaillé à froid à cause de l'acier qui en fait partie ; on enlève la trempe de cet acier en le chauffant à blanc, il devient dès-lors aussi malléable que le fer, et on profite de la chaleur qui augmente cette malléabilité pour le façonner à son gré, avec un marteau, sur les enclumes de l'étau. Quand le travail est terminé, on rend à l'acier sa trempe première en faisant chauffer l'outil et le plongeant immédiatement dans l'eau froide, dès qu'il a atteint le degré de chaleur voulu.

Le degré de chaleur à donner est une opération assez délicate pour attirer l'attention du sculpteur, car c'est de cela que dépend la qualité de l'outil. On remarquera, en faisant chauffer un morceau d'acier détrempé, qu'il commence d'abord par se colorer d'une légère teinte rousse qui, la chaleur augmentant, devient successivement bronzée, gorge-de-pigeon, bleu de Prusse, d'abord assez clair, et se fonce ensuite presque jusqu'au noir. C'est à ces nuances que l'on reconnaît les différents degrés de la trempe de l'acier. Aussi, quand on le retire dès qu'il est roux et qu'on le plonge dans l'eau, il est très-cassant, et le moindre coup d'outil porté à faux peut briser le tranchant, ce qui exige un nouvel affûtage : on dit alors que l'outil est trempé trop sec. Le point convenable qu'il faut atteindre pour les outils de sculpteur est la nuance gorge-de-pigeon, à cet état l'acier est suffisamment résistant et a plus de liant.

Quand on a donné à l'outil la forme que l'on désire, on l'affûte et on l'aiguise comme on fait de ceux qui sont neufs.

LA COLLE-FORTE.

Tout le monde connaît assez la colle-forte pour qu'il soit inutile d'en parler. Nous nous bornerons à indiquer ici un petit appareil qui permet d'en faire fondre une petite quantité plutôt en rapport avec les besoins du sculpteur que ce que l'on peut obtenir avec le pot à colle de menuisier.

Il se compose (fig. 36) d'un récipient en cuivre

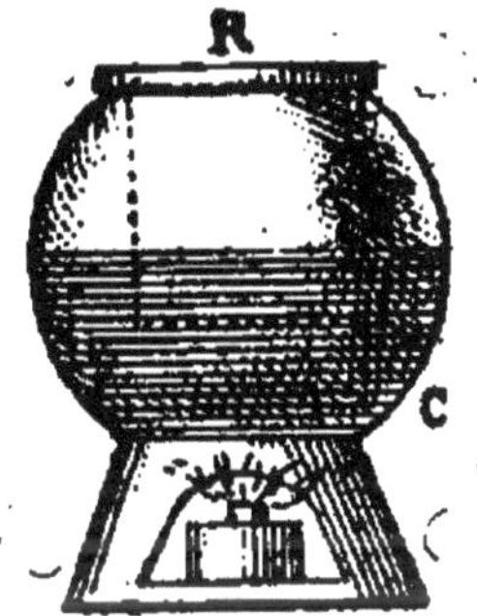

Fig. 36.

R de la contenance d'un décilitre environ, destiné à recevoir la colle, dont le bord est retroussé en bourrelet et reçoit un manche. Ce récipient est placé dans un chaudron C qui a 1 centimètre de diamètre en plus et 3 centimètres de plus en profondeur ; son bord est maintenu par le bourrelet à hauteur du chaudron. On remplit d'eau ce dernier aux deux tiers, on y plonge le récipient après y avoir mis la colle, et on place sous l'appareil une lampe à esprit-de-vin qui, en chauffant l'eau, fait fondre la colle au bain-marie.

DEUXIÈME SECTION.

Bois les plus propres à la sculpture.

Le choix des bois est d'une très-grande importance dans la sculpture, aussi devra-t-on s'attacher tout particulièrement à les connaître et à les apprécier. Les renseignements que nous allons donner serviront beaucoup à guider le sculpteur, mais il n'arrivera à discerner la qualité des bois que par une observation constante que la pratique seule peut lui donner.

Nous les distinguerons en bois *indigènes* et *exotiques*.

Les bois *indigènes* les plus propres à la sculpture sont, dans l'ordre alphabétique :

Le Chêne,
Le Noyer,
Le Poirier,
Le Tilleul.

Les bois *exotiques* sont :

L'Acajou,
L'Ébène.

Nous mentionnerons, pour mémoire, trois sortes de bois très-rarement employés :

L'If,
Le Merisier,
Le Camphrier.

BOIS INDIGÈNES.

Le Chêne.

C'est le bois par excellence de la menuiserie, il est aussi le plus répandu. Tout le monde connaît assez cette espèce de bois pour que nous nous dispensions de la décrire. Les fibres trop prononcées de ce bois, son tissu grossier, le rendent peu propre à la fine sculpture des panneaux d'appartements ou de certains meubles.

Parmi les nombreuses espèces de chênes, celle des Vosges est la plus recherchée des sculpteurs, elle n'est pas trop dure et offre un grain assez uni; les plus tendres de cette espèce sont ceux qui poussent en pleine futaie et que l'on nomme *merrains*, ils sont exempts de nœuds et autres irrégularités causées par les circonstances atmosphériques et que l'on rencontre dans ceux qui sont sur la lisière des forêts, mais le bois est plus cassant.

Le Noyer.

Le noyer est un bois d'une couleur généralement brune, dont la coupure donne un grain brillant, il est doux, liant, facile à travailler; c'est de tous les bois celui qui varie le plus dans ses nuances. Bien que sa couleur soit généralement brune, on en trouve de veiné d'un noir bien foncé et d'un bois qui a presque l'aspect du bois blanc aux fibres près. Ce caprice de nuance existe d'une manière frappante dans un même arbre;

ainsi, il n'est pas rare de voir du blanc sillonné par des veines d'un noir d'ébène qui tranchent avec la nuance générale sans aucune espèce de transition.

Le noyer le meilleur à sculpter est celui qui est d'une teinte brune, légèrement bronzée et presque uniforme; ses veines sont généralement régulières et il offre un grain égal à la gouge. Le blanc est plus tendre que le précédent et lui serait préféré s'il n'avait, comme nous venons de le dire, l'inconvénient d'être sillonné par des veines noires qui défigurent complétement le travail et exigent la plus grande attention quand on veut y passer une teinte générale pour égaliser les tons. Le brun veiné a trop de fibres, des nœuds trop prononcés, des aubiers et quelquefois des parties décomposées qui font taches, ressemblent à l'amadou et dans lesquels la gouge s'émousse sans pouvoir s'enfoncer. On devra s'assurer avant de travailler le bois, qu'il est exempt de ces infirmités.

Nous croyons devoir avertir que les noyers qui sont situés près des mares ou des trous de fumier pompent par leurs racines une sève d'une nature particulière qui donne au bois l'odeur désagréable des œufs pourris quand il est échauffé par la main ou par l'outil.

Les plus beaux noyers croissent en Amérique, on en rencontre aussi de très-beaux échantillons dans les pays où se trouvent les manufactures d'armes qui en font un grand usage pour les bois de fusils, carabines, pistolets, etc.

Ce bois a l'inconvénient de se piquer facilement, l'aubier l'est presque toujours et les vers gagnent bientôt le cœur, si on n'a pas la précaution d'y remédier par le moyen indiqué, page 63.

Le Poirier.

Il est d'une couleur chamois, son grain fin, son fil qui est très-peu sensible permettent de le travailler avec la plus grande facilité. Il a plus de liant que le chêne et le noyer et est plus résistant que le tilleul, aussi le préfère-t-on à tous les autres bois pour la sculpture délicate, telle que les fleurs et la végétation.

Il prend très-bien la teinture noire, voir l'ébène, page 56.

Le Tilleul.

Il est de tous les bois, le plus propre à la sculpture, le plus tendre et le plus agréable à travailler, mais il est trop tendre et ne résiste pas assez dans les détails un peu délicats, aussi ne l'emploie-t-on que pour les cadres ou tout au plus pour quelques ouvrages à fond levé qui n'ont pas de fatigue ni de poids à supporter. Sa nuance est à peu près celle du beurre frais tirant quelquefois sur le vert.

BOIS EXOTIQUES.

L'Acajou.

Le *Mahogon*, connu en botanique sous le nom de *Swietenia*, est un bois qui croît dans les îles du golfe du Mexique et que nous connaissons sous le nom d'*Acajou;* on l'emploie pour les ouvrages d'ébénisterie les plus délicats, et c'est dans ces conditions que le sculpteur le travaille. On ne peut faire avec ce bois que des travaux assez largement traités, car l'acajou, bien que très-solide quand on l'emploie comme ébénisterie, se casse facilement sous la gouge et les détails trop légers seraient brisés à chaque instant sous la fatigue que les meubles ont à supporter.

L'Ébène.

Parmi les sept ou huit espèces d'ébènes, le seul qui soit propre à la sculpture est le *plaquemenier;* il est parfaitement uni et d'un grain tellement serré qu'il ne paraît pas, sous l'outil, avoir le moindre fil, aussi sa dureté le rend-elle d'un travail très-difficile, ce qui donne un grand prix à cette sorte de sculpture.

L'inconvénient de ce bois est de se détacher quelquefois par feuilles et de se fendre.

Il faut se mettre en garde contre une imitation d'ébène que l'on trouve à Paris et qui n'est autre que du poirier que l'on fait macérer dans un bain de teinture noire pendant plusieurs jours; la couleur pénètre jusqu'au cœur de la planche, en sorte que la coupure du bois est aussi noire que celle de l'ébène. C'est avec cette imitation que l'on fabrique maintenant beaucoup de petits objets d'ébénisterie.

BOIS DIVERS.

Il nous reste à mentionner trois sortes de bois :
l'*if*, le *merisier* et le *camphrier* dont la sculpture
ne nous offre que très-peu de spécimens.

L'If.

L'if est un bois indigène qui lutte, dans la mar-
queterie, avec les plus beaux bois de l'Amérique.
Son aubier, qui est blanc et très-dur, recouvre un
bois plus dur encore, plein, sans pores apparents,
dont la coupure est très-nette, d'un grain vif ; sa
couleur est d'un rouge orange des plus écla-
tants.

On distingue dans le commerce l'if anglais et
l'if français, dénomination fautive, car l'un et
l'autre croissent également dans les deux pays.
Le premier est rempli de gerçures dont il est tout
hérissé, les branches qui semblent prendre nais-
sance dans le cœur de l'arbre, le rendent noueux
et résistant à la gouge. L'if français a un bois
plus uni, parfois veiné de violet, mais très-dur
et difficile à travailler. On ne le rencontre que
très-rarement dans la sculpture ancienne, l'art
moderne paraît l'avoir abandonné. Le Musée de
Cluny n'en possède qu'un spécimen du XIIIe
siècle, représentant la statue de Saint-Louis (de
66 centimètres de hauteur) ; cette figure appar-
tient à la décoration de l'ancien rétable de la
Sainte-Chapelle.

Le Merisier.

C'est une sorte de cerisier sauvage, d'une teinte assez chaude et dont le cœur est souvent rouge, il perd malheureusement de son éclat en vieillissant. Il se travaille assez facilement, et a l'inconvénient d'être sujet à la vermoulure ; on s'en sert beaucoup en ébénisterie, et on ne l'emploie en sculpture que pour faire des petits coffrets.

Le Camphrier.

Cet arbre, dont on tire le camphre par la distillation, croît dans le Japon et la Chine. L'opération se faisant sur les lieux mêmes, on ne peut se procurer ce bois qu'avec beaucoup de peine, aussi n'en trouve-t-on que très-rarement en Europe. Sa teinte est d'un blanc mat qui rappelle celle du bois de Spa ; ses fibres sont très-peu sensibles, son grain est fin et sa coupure un peu grasse. Il produit très-bon effet dans la sculpture des petits meubles style néo-grec et style Elisabeth.

M. Mario en a une très-belle table dans sa collection.

CONDITIONS DANS LESQUELLES LE BOIS DOIT SE TROUVER POUR ÊTRE BIEN TRAVAILLÉ.

Le bois à employer doit être parfaitement sec, sans être pour cela trop vieux, car alors il est pour ainsi dire dépourvu de nerf et devient cassant, il est souvent même rongé par les vers. On doit le choisir dans la futaie de l'arbre, à 30 ou 60 centimètres au-dessus du tronc, parce que plus bas il est noueux; les branches doivent généralement être rejetées, car leur bois n'a pas suffisamment de corps; il doit être en outre d'un grain uni, avoir les fibres prononcées et être exempt de nœuds ou de parties gâtées.

L'*aubier* des bois (que l'on sait être la partie la plus rapprochée de l'écorce) ne doit pas être employé, il n'a pas encore toutes les qualités du bois proprement dit, il est trop noir, et reçoit facilement les vers quand l'arbre est coupé, surtout le noyer.

Les bois le plus ordinairement employés peuvent être classés, pour leur dureté, dans l'ordre suivant : le chêne, le poirier, le noyer et le tilleul; et pour les exotiques, l'ébène et l'acajou.

TEINTURE DES BOIS SCULPTÉS.

Il est bien entendu qu'il n'est question ici que de la teinture du travail exécuté, car il serait hors de propos de teindre le bois avant de le travailler; la teinture ne pénétrant presque toujours que la superficie du bois, serait bientôt enlevée par la gouge, ou bien, n'apparaissant que par endroits, elle donnerait à l'ensemble de l'ouvrage un aspect sale qui nuirait à sa valeur réelle. On ne devra donc songer à teindre le bois que quand la sculpture sera arrêtée d'une manière définitive et entièrement *finie*, ainsi que nous l'indiquerons dans la troisième partie.

Parmi les nuances que l'on donne aux bois

sculptés, la plus répandue est celle que l'on nomme *vieux bois*. On l'obtient de deux manières :

1° Dans un litre d'eau, faire bouillir pendant deux heures 175 grammes de brou de noix desséché, passer le liquide quand il est refroidi et s'en servir.

2° Dans un litre d'eau, mettre 62 grammes de terre de Cassel et 62 grammes de potasse rouge d'Amérique concassée, procéder ensuite de la même manière que ci-dessus.

Le brou de noix a la propriété de se fixer seul, tandis que dans le second procédé on ajoute la potasse à la terre de Cassel, parce qu'elle n'a pas par elle-même assez de force de pénétration.

La couleur que l'on obtient ainsi est très-foncée. Quand on doit s'en servir, on l'allonge jusqu'à ce que l'on ait obtenu la teinte voulue. On l'applique avec un pinceau de soies assez ferme, afin de pouvoir tamponner fortement dans les trous et les cavités, et de faire bien pénétrer partout la couleur. Il faut ensuite repasser soigneusement toutes les parties de l'objet peint, et remettre de la couleur dans les *blancs* qui peuvent rester et qui sont surtout apparents quand le bois est de nuance claire.

Cette couleur imite le vieux chêne, et, appliquée sur ce bois avec certains soins, elle arrive à tromper les connaisseurs eux-mêmes. Elle vieillit également le noyer, quelle que soit sa nuance naturelle, et le fait pousser un peu au noir en vieillissant; elle brunit légèrement sur le tilleul, et conserve à peu près l'éclat de sa nuance première sur le poirier. Quand on veut obtenir la nuance claire et chaude que l'on donne aux cadres et autres petits objets sculptés qui se trouvent dans le commerce, on y ajoute un peu d'ocre rouge.

On donne au *poirier* la teinte orange foncée, en faisant bouillir ensemble, à parties égales, de la gomme-gutte et du safran.

Le *tilleul* devient orangé avec le curcuma et le muriate d'étain; — brun veiné avec la garance, puis l'acétate de plomb quand la première teinte est sèche;— noir avec une décoction de campêche très-forte, et une décoction de garance très-chargée et ensuite du verdet.

Le *noyer* prend la teinte acajou rouge en le frottant avec une infusion de brésil (ou campêche).

Enfin, tous les bois de sculpture peuvent être peints en noir par le procédé suivant : on prend de l'extrait de bois de Campêche que l'on trouve dans le commerce, on en pile 30 grammes que l'on fait bouillir dans 2 litres d'eau; lorsque l'extrait est dissous, on ajoute 4 grammes de chromate jaune de potasse et l'on agite le tout. L'opération est alors terminée et le liquide peut servir soit pour l'écriture, soit pour la teinture sur bois; sa couleur est un très-beau violet foncé qui, appliqué sur le bois, devient d'un noir pur.

PROCÉDÉS D'ENCAUSTIQUES POUR DONNER DU BRILLANT AUX BOIS SCULPTÉS.

Toutes les couleurs appliquées se ternissent en séchant; pour leur rendre leur éclat, on passe sur la sculpture un encaustique liquide qui doit pénétrer dans toutes ses parties. Voici deux procédés de fabrication des plus faciles :

Faire dissoudre dans l'essence de térébenthine de la cire jaune; on prend pour cela une quantité d'essence proportionnée au besoin de ce que l'on doit employer; on coupe par petites pelures très-minces de la cire jaune, que l'on met dans le même vase à raison d'un dixième environ, et on laisse reposer 2 heures, après quoi on remue le tout; la cire qui est dissoute se mélange avec l'essence et forme un encaustique sirupeux.

Ou bien :

On prend un litre d'eau de lessive (que l'on obtient en faisant bouillir deux poignées de cendres de bois dans un litre d'eau, puis tirant au clair), on fait bouillir cette eau avec 40 grammes de sel de tartre et 150 grammes de cire, jusqu'à ce que la cire ait bouilli et que l'eau ait diminué d'un quart, et on agite de temps en temps pendant que le mélange se refroidit. Quand cet encaustique est vieux, on le fait refondre à petit feu avec légère addition d'eau de lessive et d'un peu de sel de tartre.

Ces deux encaustiques sont appliqués au pinceau, on en met le moins possible afin d'éviter les empâtements de la cire qui dénaturent souvent les détails et prennent trop facilement la poussière; cet inconvénient se fait surtout sentir avec l'encaustique à l'essence qui laisse sur le bois une couche huileuse.

Dès que l'encaustique est placé, il faut aussitôt frotter avec une brosse afin de l'étendre également, et dès qu'il est sec on le frotte pour lui donner son lustre.

PROCÉDÉS POUR RENDRE LES BOIS INALTÉRABLES ET LES PRÉSERVER CONTRE LES VERS.

Certains bois, tels que le merisier, prennent assez facilement la vermoulure; on les préserve de cet accident en les frottant, quand ils sont travaillés, avec une forte dissolution de sel; il suffit pour cela de faire dissoudre dans de l'eau froide, autant de gros sel de cuisine que l'eau peut en digérer, et de l'appliquer à froid sur le bois.

D'autres bois, tels que le noyer, et surtout son aubier, sont facilement piqués par les vers, on les en préserve en faisant infuser des coquilles de bois de noyer dans de l'eau de pluie ou de rivière, on ajoute ensuite une petite quantité d'alun et on fait bouillir un quart d'heure. Cette dissotion s'applique à froid. Si, quand le bois est sec, on ne veut pas le passer à l'encaustique, il faut, pour compléter l'opération, le frotter avec de l'axonge.

PROCÉDÉ POUR RENDRE LE BOIS PLASTIQUE.

On a découvert récemment un moyen nouveau

et fort simple pour rendre le bois plastique. Ce moyen consiste à faire pénétrer de l'acide chlorhydrique étendu dans les pores ou les cellules du bois, sous une pression d'environ 2 atmosphères. Cette imprégnation a besoin d'être continuée pendant un temps assez prolongé, qui varie avec la nature du bois. Il n'est pas nécessaire de dépouiller préalablement le bois de son écorce, et au moyen d'une disposition facile à imaginer, la liqueur pénètre par une de ses extrémités de la tige et suinte par l'autre. Si le bois, pendant qu'il est encore humide, est soumis à la pression, après qu'on a lavé le tissu cellulaire avec de l'eau, on peut réduire son volume d'un dixième de ce qu'il était primitivement; les fibres se laissent rapprocher en contact plus intime sans se briser ni se brouiller et, lorsqu'elles sont sèches, elles ne font aucun effort pour se séparer de nouveau. Si on injecte en couleur, les détails apparaissent avec netteté et avec la plus parfaite exactitude. Le bois ainsi imprégné peut être utilisé de bien des manières. Lorsqu'après lui avoir fait subir l'action de l'acide chlorhydrique il est lavé et séché, il se laisse découper avec une remarquable facilité, et peut ainsi être employé avantageusement par les sculpteurs. La dessiccation s'opère en refoulant dans les cellules de l'air chauffé à une température d'environ 30° R. L'humidité est, de cette manière, chassée promptement, et comme la contraction a lieu uniformément dans toute la masse, il ne se manifeste pas de fissure. On peut, de cette manière, introduire dans toute la substance du bois des matières colorantes ou propres à le garantir contre la pourriture. Le verre soluble ou la silice récemment précipitée rendent ainsi le bois très-durable et en même temps incombustible.

COLLAGES.

Le collage consiste à rapporter, au moyen de la colle-forte, soit un morceau de bois sur la partie qui doit être sculptée, afin d'en augmenter le relief, soit une pièce déjà sculptée qui s'est accidentellement détachée.

Dans le premier cas, on rend parfaitement planes les deux parties qui doivent être collées l'une contre l'autre, de manière à les faire parfaitement adhérer; si elles sont trop unies, on leur donne un coup de râpe qui déchire légèrement le bois et rend plus intime la pénétration de la colle. On chauffe ensuite les côtés qui doivent être collés, ou au moins celui à rapporter, s'il n'est pas possible de chauffer la partie de l'ouvrage même qui doit aussi subir l'opération et on étend de la colle-forte très-chaude sur les deux surfaces qui doivent être rapprochées; on les soumet ensuite à une pression aussi forte que le permettent les presses à main dont on peut disposer. Au bout de 6 heures la colle est sèche et les parties sont assez bien assemblées pour recevoir, sans se séparer, les plus grands chocs de l'outil. La pression doit être aussi forte que possible, afin de diminuer la couche de colle-forte qui laisse dans la sculpture un trait noir, d'autant plus visible que le bois est plus blanc, et qui a l'inconvénient d'ébrècher les outils.

Pour coller des pièces déjà sculptées et qui ont été cassées, on les chauffe légèrement, on y étend la colle chaude et on les place l'une contre l'autre en les ajustant dans les accidents de la cassure. Il faut avoir soin d'enlever les bavures de la colle pendant qu'elle est chaude, car elle ne peut être enlevée plus tard qu'à la condition de recouper le bois.

TROISIÈME SECTION.

Notions de sculpture.

—

DÉFINITION DES DIFFÉRENTS GENRES DE SCULPTURE.

On distingue trois genres de sculptures sur bois : la sculpture en *ronde bosse*, la sulpture sur *fond levé* ou *prise dans la masse*, et la sculpture d'*applique*.

Sculpture en ronde bosse.

La sculpture en *ronde bosse* consiste à détacher d'une masse de bois une tête ou une figure quelconque qui puisse être vue sur toutes les faces et reproduire, dans des proportions voulues, toutes les parties de l'objet que l'on veut représenter. C'est, comme on le voit, pour la figure et les animaux, le genre qui se rapproche le plus de la nature, aussi est-il le plus difficile.

Sculpture sur fond levé.

La sculpture sur *fond levé* ou *prise dans la masse*, s'obtient en réservant dans la masse du bois une épaisseur, qui est alors le *fond* de la sculpture.

Le *fond est plein*, lorsqu'il ne présente aucun vide ; *à jour*, lorsque son épaisseur est à découvert. Le fond plein uni peut être sans ornements, ou gravé, ou sablé. Le fond à jour peut être quadrillé, mais il faut remarquer que la décoration en relief dans les fonds nuit à l'effet de la sculpture qui n'est jamais mieux détachée que sur le fond uni ou sur le vide.

Sculpture d'applique.

La *sculpture d'applique* proprement dite, est celle qui s'applique sur un fond, elle se fixe soit à l'aide de colle ou de pointes, soit par les deux moyens à la fois ; ce procédé a l'avantage de supprimer le fond et une grande partie du découpage qui est fait alors à la mécanique.

MANIÈRES DE FIXER LE BOIS POUR LE TRAVAILLER.

Il est très-important que le travail soit bien fixé, sans cette précaution on risquerait de se blesser et de briser l'ouvrage, ou, encore, le travail étant à moitié fait, il pourrait se détacher et se détériorer ; pour y parvenir on se sert de la *vis anglaise* dans la ronde bosse, de la *colle-forte* et de la *gutta-percha* dans tous les autres genres de sculpture.

La Vis anglaise.

Cette vis, décrite page 37, sert à maintenir la sculpture de haut relief ou la ronde bosse, c'est-à-dire les figures, animaux, têtes, etc. Avant de se servir de cet outil, on a le soin d'amorcer, c'est-à-dire de percer dans le bois un trou assez profond pour que le tiers du pas de la vis puisse y entrer ; ce trou doit être exactement proportionné : trop étroit, la vis ne pourrait y entrer, trop large, les fils ne mordraient pas.

Pour ne pas faire éclater le bois, on a le soin d'évaser l'entrée du trou dont l'axe doit être perpendiculaire à la base de l'objet; car s'il était incliné par rapport à ce plan, la vis le serait aussi, et il deviendrait impossible de la redresser ; on serait obligé de percer un nouveau trou, ce qui ôterait de la solidité et ferait perdre l'aplomb. Si on force trop sur la vis, à droite ou à gauche, on use le pas formé dans le bois ; celui-ci n'étant plus maintenu par la vis, tombe tout-à-coup et s'échappe sous le maillet.

Il faut aussi tenir compte de la nature du bois, et enfoncer d'autant plus la vis qu'il est plus tendre; mais l'ouvrage doit toujours porter parfaitement à plat, la base être bien dressée, de façon que tous les points portent sur l'établi.

La Colle-forte.

Quand on veut faire de la sculpture à fond plein ou à jour; il arrive souvent, dans le premier cas, que le fond plein réservé n'est pas assez large pour qu'il soit possible d'y appliquer la presse à main, et dans le second cas, on ne peut recourir à ce moyen sans risquer de briser l'ouvrage ; il faut alors fixer le bois par la *colle-forte*.

On prend pour cela une planche de bois tendre assez épaisse, sensiblement plus grande que le bois que l'on veut travailler, on y passe une couche de colle-forte très-liquide et chaude, on pose dessus une feuille de papier assez épais, que l'on fait adhérer partout, et sur cette feuille on passe une couche de colle-forte dans les mêmes conditions, on applique immédiatement le bois à travailler sur cette dernière couche et on soumet le tout à la pression de plusieurs presses de manière à faire parfaitement porter l'une sur l'autre les deux pièces de bois qui ne sont séparées que par la feuille de papier, qui remplit le rôle de corps isolant. Quand la colle est sèche, on fixe la planche de fatigue sur l'établi, et on peut travailler son bois dans tous les sens sans crainte de le décoller, si toutefois l'adhérence des deux planches a été complète.

Pour décoller ensuite l'ouvrage, on donne de petits coups de ciseau à plat, en baissant l'outil autant que possible, à la jonction des deux bois et sur tout son contour ; la feuille de papier se sépare en deux et laisse ainsi libre chaque panneau, il ne reste plus qu'à nettoyer le dessous de la partie sculptée avec un racloir.

Il faut avoir soin de se servir de colle bien liquide, sans cela elle devient trop forte et on risque de briser l'ouvrage en le décollant.

La Gutta-percha.

Cette substance s'emploie pour les travaux qui doivent être sculptés sur plusieurs faces et qui présentent des reliefs qui empêchent de les faire porter à plat. L'avantage qu'elle a sur la colle, dans le cas où celle-ci peut s'employer pour ces sortes d'ouvrages, c'est de ne laisser aucune trace sur la partie sculptée, tandis que la colle, si claire qu'elle soit, a toujours l'inconvénient de s'attacher aux détails, et comme on ne peut plus se servir du racloir, il faut l'enlever au fer chaud, ce qui brûle le bois, ou bien détremper les parties collées, ce qui ouvre les pores, enlève le poli et fait disparaître les petits détails, surtout dans le bois tendre.

Pour se servir de la *gutta-percha*, on la fait chauffer dans un vase ; en brûlant, elle devient liquide, c'est alors qu'on la verse sur la planche destinée à recevoir l'objet à fixer. Lorsqu'elle est refroidie, on l'expose légèrement au feu et on y applique l'objet, de façon que toutes les parties saillantes portent bien. Il faut avoir soin, en appliquant la partie sculptée, de ne pas trop l'enfoncer, parce que la gutta-percha, pénétrant dans les dessous, se déchirerait difficilement.

L'emploi de cette matière est très-simple, on devra cependant, pour le premier essai, en couler sur un morceau de bois brut pour apprécier le degré de chaleur à employer, et on reconnaîtra que plus la gutta est chaude au moment de l'application, plus on aura de difficultés à enlever l'objet.

Le travail étant terminé, il suffit, pour le détacher, d'engager, entre le bois et la gutta, un outil plat assez large (un fermoir non affûté, par exemple), on frappe légèrement et parallèlement au plat de la planche; et, au moindre effort, l'objet se détache et ne conserve aucune trace de gutta. Avant de se servir de l'outil, il faut avoir le soin d'enlever les bavures qui pourraient couvrir la sculpture extérieure et faire résistance, sans cette précaution, on risquerait de casser la sculpture.

PROCÉDÉS EMPLOYÉS POUR NE PAS TATONNER DANS L'EXÉCUTION DE LA SCULPTURE.

La sculpture se fait d'après un *modèle en relief,* une *gravure* ou un *dessin.*

Comme l'artiste fait toujours une *maquette* en terre glaise ou en cire, ou au moins un dessin avant d'exécuter son œuvre, on peut, jusqu'à un certain point, traiter la sculpture sur bois comme une copie obtenue par un des procédés ci-dessus.

Quel que soit le genre de sculpture auquel on se livre, on ne doit commencer qu'après s'être rendu compte de l'effet et avoir trouvé toutes les lignes, et en réservant des masses propres à combler les vides qu'il est surtout impossible de reproduire dans un dessin de face, car ces parties doivent être ébauchées de manière à concourir à l'effet de la face, sans nuire à celui de la sculpture vue d'un autre côté, tout en conservant des mouvements possibles.

Sculpture d'après un modèle en relief.

L'esquisse ou *maquette* est l'idée, parfois grossière, de ce que l'on se propose d'exécuter. Quelqu'imparfaite qu'elle soit, elle offre l'avantage de fixer l'idée et de prévenir des tâtonnements qui ne peuvent que nuire à l'exécution. Avec cette précaution, l'ouvrage ne peut donc que gagner dans le fini des détails. Ce travail préparatoire est d'une utilité telle, qu'on peut le regarder comme indispensable, car il facilite l'exécution de la sculpture, détermine l'ensemble des formes et caractérise le genre, on obtient plus facilement ainsi la reproduction du cachet propre à l'ouvrage que l'on veut produire.

Sculpture d'après un dessin ou une pochade.

La sculpture, *d'après un dessin* ou une *pochade*, exige une grande attention. Quelle que soit la perspective d'un dessin, les côtés mis en fuite, et, dans la ronde-bosse, ceux qui leur sont opposés ne sont jamais apparents. Lorsque ces parties sont semblables, en voyant la perspective d'une face nous avons la contre-partie ou la partie symétrique, mais dans certains styles qui sont précisément les plus mouvementés, la contre-partie n'existe pas et le raisonnement seul peut faire comprendre les contours qui, dans le Louis XV, par exemple, naissent de la manière la plus capricieuse; on y arrive en consultant le style ou le genre de l'époque qui aide beaucoup à comprendre les parties qui ne sont pas visibles par celles qui sont apparentes, et par leur mouvement.

La *pochade* à la plume ou au crayon est, de tous les procédés, le plus ingrat, il a l'inconvénient, sur tous les autres dessins, de n'avoir pas les ombres à leur place, ce qui ajoute encore de la confusion à leur imperfection ordinaire et déroute entièrement dans l'exécution.

Le Calibre.

Le dessin ne sert souvent le sculpteur que très-imparfaitement quand il s'agit de reproduire des parties symétriques, on se sert alors du *calibre*, carton découpé qui donne exactement la forme du contour; il sera donc utile de l'employer pour les ornements symétriques ou contre-parties; dans la ronde bosse, il donne la silhouette. Pour se servir du calibre on n'aura qu'à suivre avec un crayon ou une pointe à tracer, tous les contours découpés, en ayant soin qu'il ne bouge pas pendant l'opération; on pourra même le fixer avec des pointes. On obtiendra le tracé de la figure symétrique en retournant le calibre et procédant de la même manière.

Le Poncis.

Quand les plans de l'ouvrage ne sont pas assez

élevés pour déranger sensiblement la place du contour frappé à l'outil, comme dans les bas-reliefs ou ornements de la même nature, on trace au crayon le dessin sur le bois ou on y applique à la colle de farine un papier sur lequel est reproduit le dessin, mais quand ce dessin doit être répété plusieurs fois, on se sert du *Poncis* qui est un moyen beaucoup plus expéditif.

On prépare d'abord la *ponce* qui n'est autre chose qu'un sachet de vieux linge renfermant une poudre grasse, — soit de la poudre de savon, — d'une couleur tranchante, destinée à marquer sur le bois en s'y attachant ; ce sachet ne doit pas être trop plein parce qu'alors la poudre s'en dégage trop facilement. On s'occupe ensuite du *Poncis,* pour cela on pique le dessin régulièrement avec une pointe d'autant plus fine que les lignes sont plus multipliées ou plus rapprochées, en ayant soin de serrer la pointe dans les petits contours. Avant de piquer, on place le dessin sur une étoffe assez épaisse pour que les trous ne se referment pas. Cela fait, on applique le poncis sur le bois en le tendant autant que possible, de manière à ne pas doubler les traits en le dérangeant, et l'on ponce, soit en frappant, soit en appuyant selon la nature du bois et la finesse du piqué. Il faut se garder de frotter fortement, parce que la poussière s'introduisant en trop grande quantité dans les trous, il deviendrait impossible de distinguer les détails.

LE COUP D'OUTIL.

Le coup d'outil est, sans contredit, la partie la plus délicate de la sculpture sur bois, car c'est sa perfection qui fait le véritable ouvrier. C'est la difficulté la plus sérieuse que rencontre l'amateur, aussi devra-t-il y fixer toute son attention et ne pas se rebuter si, dès le commencement, il n'obtient que des résultats imparfaits; ce n'est qu'après une longue et assidue pratique qu'il arrivera à donner à son ouvrage cette netteté et cette sûreté de main qui fait la beauté d'un ouvrage et qui n'est accordé qu'au praticien.

Nous allons essayer d'indiquer les principes à suivre, qui, du reste, sont les mêmes pour tous les outils.

En frappant, soit avec la gouge, soit avec le fermoir, il faut toujours tenir l'outil d'aplomb, c'est-à-dire dans la direction du plan qui doit être enlevé. On serre de la main gauche une partie du fer et du manche, afin d'adoucir le choc imprimé par la main droite, celle-ci tient le haut du manche, dirige l'outil et le maintient toujours au même degré d'inclinaison par rapport au plan à enlever. Il faut toujours, avant de couper, assurer l'outil, c'est-à-dire apprécier, d'après son affûtage, de combien il faut le lever ou le baisser pour le bien faire couper, et proportionner la résistance de la main gauche à la force que donne la main droite, sans cela l'outil s'échappe de la main, et, n'ayant plus de direction assurée, il peut faire des entailles dans les parties déjà exécutées ou même les détruire.

Pour lever les fonds, on fait porter le tranchant du fermoir ou du ciseau exactement à plat, et c'est surtout pour ce genre de travail que l'on doit observer l'inclinaison constante de l'outil, sans cela on est exposé à faire des entailles dans le fond ou à le niveler inégalement.

Lorsqu'en frappant un contour, comme dans les bas-reliefs ou la sculpture d'applique, on laisse plus de bois que ne doit en avoir le contour définitif, comme la section A G (fig. 37) par rapport

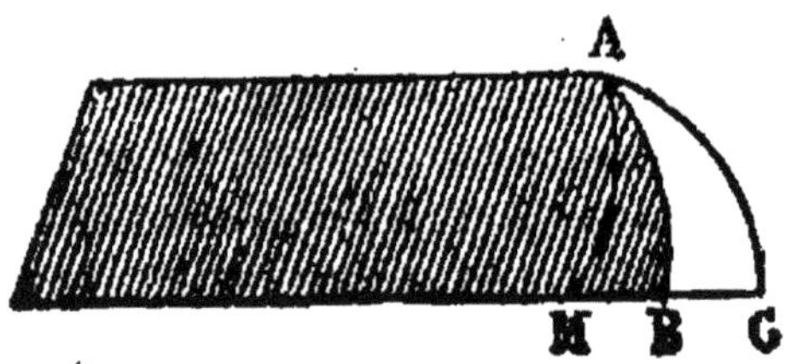

Fig. 37.

à la section A B, on *coupe en gras* et on *coupe en maigre* lorsque l'on amoindrit le trait comme l'indique A M. *Amaigrir* se dit aussi des parties trop massives que l'on diminue.

LE FIL DU BOIS.

Le premier soin à prendre, quand on doit commencer un ouvrage, est de déterminer de quelle manière on doit disposer son travail sur le bois. Il n'est pas indifférent, en effet, d'observer *le sens des fibres du bois* quand on doit le sculpter. Le sens du bois est celui de la sève, c'est-à-dire qu'il a toujours sur l'arbre la direction de bas en **haut.**

Le coup d'outil, donné dans cette direction, tranche nettement le bois et laisse une coupure lisse, quand il est, au contraire, donné dans l'autre sens, l'outil est plus difficile à diriger et la coupure est rugueuse. On devra toujours s'efforcer de couper dans la direction des fibres; or, le coup de gouge se donnant de droite à gauche, il faudra toujours, dans la sculpture d'applique ou dans le bas-relief, que le sens du bois soit placé de droite à gauche. Dans la ronde bosse, le coup de gouge se donnant le plus souvent de haut en bas, le sens du bois devra être placé dans cette même direction.

Cette précaution prise, on peut commencer à dégrossir le bois.

EXÉCUTION DE LA SCULPTURE.

Manière de dégrossir le bois.

Dégrossir c'est enlever les fortes parties de bois qui se trouvent en trop dans la masse que l'on veut travailler, dans le but de simplifier le travail et de faire ressortir tout d'abord les plans les plus élevés et un plan supérieur qui doit servir de point de repère pour les effets à donner à la sculpture.

On enlève à la scie tout le bois qui est en trop comme largeur ou épaisseur; pour cela, on prend les hauteurs des plans sur le modèle et on les reporte sur la copie en augmentant légèrement les mesures, dans la crainte qu'un faux coup d'outil n'oblige à baisser. On détermine de la même manière les contours extérieurs à l'aide du calibre, sans tenir compte des détails. Cette dernière opération n'a lieu que pour les travaux appliqués ou sans fond.

On se sert ensuite, s'il y a lieu, d'une gouge méplate dont le pas est proportionné au volume de l'objet à dégrossir, au moyen de laquelle on achève d'enlever les arêtes qui doivent être baissées et certains fonds dans lesquels la scie ne peut pénétrer.

Dans les travaux de peu d'épaisseur, cette opération se confond avec l'ébauche.

Les plans étant indiqués, ainsi que les contours extérieurs, on fixe le bois par un des procédés décrits page 67 et suivantes, et on passe à l'ébauche.

L'Ebauche.

On entend par *ébaucher*, déterminer la figure de toutes les parties principales qui composent un ouvrage.

C'est la partie la plus importante et la plus difficultueuse de la sculpture, il faut donc y apporter le plus grand soin et ne la commencer que lorsque l'on a fixé son idée, soit par un dessin, soit par une maquette, car avant d'ébaucher, on doit, pour ainsi dire, voir le travail terminé et l'effet qu'il produira. Il faut, pour cela, être bien pénétré de la hauteur des plans, de la forme des masses, des contours et des détails de toutes les parties.

Pour ébaucher, on se sert également de gouges

mi-creuses ou méplates; elles servent à galber, à découper et à descendre les fonds. On arrête ensuite les parties concaves avec la gouge creuse. Il faut avoir soin de conserver exactement le dessin et, pour ne pas s'en écarter, chaque fois qu'un détail a été enlevé à la gouge et qu'on veut juger de l'effet de la partie ébauchée, il faut en retracer le trait sur le bois avec le crayon. On se gardera aussi de ne pas trop mordre sur les traits, car les motifs devant être recoupés dans le fini, afin d'avoir des lignes nettement arrêtées, on serait obligé d'amaigrir les contours.

On ébauche d'abord le groupe le plus saillant qui est l'objet principal dont toutes les autres parties dépendent comme importance de relief. Ce groupe doit être bien nourri, large, d'un galbe simple et de grand effet; les lignes qui le composent seront grandes et non coupées, les détails et les refends faits dans le même sentiment. On procède de même pour les autres masses et les parties qui en dépendent, en donnant la forme aux différents sujets composés dans la masse et les détachant autant qu'il convient. Les contours doivent toujours bien tourner, se raccorder et se deviner sous les parties qui les couvrent. Les découpures doivent être franches, vives, sans sécheresse ni raideur; pour cela on les arrondit légèrement en creux ou en relief, de façon qu'elles ne présentent pas d'angles trop vifs. On fait toucher le fond à certains détails en les baissant à leur extrémité isolée et en les renflant du côté de l'attache; le contraire a lieu dans ceux qui ont la même attache, mais qui sont galbés de manière à faire opposition; ils sont dégagés en dessous à la partie isolée pour leur donner de la légèreté en leur conservant *du corps*, condition essentielle de toute sculpture, car il faut réserver une certaine épaisseur à toutes les parties sculptées sans cependant tomber dans l'excès contraire. Les coups creux vifs se donnent dans les ornements du fond, ils sont toujours suivis d'un coup arrondi en relief. Dans le décor, les angles sont vifs, les coups creux accompagnés d'une arête en relief bien sentie; le galbe est arrondi et les revers bien saillants.

Le sculpteur doit bien éclairer son ouvrage, le quitter assez fréquemment, surtout dans le commencement, quand toutes les parties ne sont pas encore arrêtées et se placer à quelque distance pour mieux juger de l'ensemble et de l'effet; considérer attentivement toutes les parties et s'assurer que le même mouvement n'est pas répété de trop près, ce qui donne un aspect monotone. Les objets qui sont placés en fuite doivent se présenter de façon à être vus dans tous leurs détails ou du moins dans les parties qui les caractérisent le plus.

Enfin, il ne faut pas perdre de vue que dans toute sculpture, il doit y avoir un centre ou une masse dont le relief domine toutes les autres parties; tout ce qui naît de ce plan supérieur s'amincit ou diminue en s'éloignant du groupe principal. S'il y a plusieurs plans intermédiaires, ils doivent se succéder graduellement et présenter des oppositions placées à propos et raccordées entre elles ; les ornements qui s'y rattachent sont traités de la même manière, mais les extrémités de ces derniers sont moins importantes que celles du premier plan, ils se couchent sur le fond et doivent être d'une plus grande délicatesse.

Il faut être sobre de ces effets qui sont parfois criards ; une exécution large dont les effets se produisent naturellement par des mouvements vrais, où l'on n'est pas obligé de chercher les lignes, est celle que l'on doit s'attacher à produire.

C'est en ébauchant que l'on doit ménager les *retroussis* et les *arrachés* qui achèvent de donner le cachet à l'ornement ou à la végétation.

Les *retroussis* sont de petits revers figurant les petits plis qui se trouvent à l'extrémité des feuilles ; ils s'obtiennent en laissant dans l'ébauche des pointes de bois aux endroits où ils doivent être placés ; pour cela, au lieu de prolonger le coup d'outil, on l'arrête à une certaine distance de l'extrémité de la feuille, il en résulte une petite épaisseur dans laquelle on découpe le revers, on le creuse un peu en dessous pour le faire tourner et lui donner plus de naturel.

Les *arrachés*, plus petits que les retroussis, sont des bavures que l'outil laisse sur le côté des feuilles de végétation ; ils produisent très-bon effet, mais ne doivent pas être trop multipliés. Ils s'obtiennent de la même manière que les retroussis.

Le Fini.

Le *fini* consiste à enlever tous les coups d'outil ou ressauts plus ou moins grands et profonds laissés par l'ébauche, à unir les reliefs et les creux, recouper les détails et corriger les contours. Il doit être obtenu à l'outil. Pour finir, les outils doivent parfaitement couper. Si dans l'ébauche, il n'est pas nécessaire de changer fréquemment d'outil, il faut prendre dans le fini celui dont le pas emboîte parfaitement le creux ou le relief produit par l'ébauche; il en est de même pour le découpage. Moins on donne de coups d'outil, plus le fini est beau, parce qu'il laisse moins de traces et de reprises; il faut donc prendre l'habitude de prolonger autant que possible le coup d'outil.

Il faut toujours s'efforcer de prendre le bois dans son fil, on peut alors produire des détails de la plus grande finesse, la coupe en bois de travers est mate et laisse toujours des parties hachées.

Tous les motifs d'ouvrages doivent être parfaitement unis, attachés et découpés; le galbe doit se fondre graduellement, les coups vifs doivent se perdre insensiblement, les refends et les côtes être bien dirigés.

Lorsque les reliefs sont terminés, ainsi que les petits détails, on donne du noir (1) en allégeant le

(1) Terme d'atelier, qui consiste à creuser dans la partie à fond perdu, afin de donner plus d'air et de légèreté.

dessous, mais il ne faut pas pousser la légèreté à l'excès, car alors la sculpture n'ayant plus de corps deviendrait sèche.

Il faut avoir soin, en finissant, de ne pas attaquer ou détruire les coups d'outil qui sont destinés à rester vifs, sans cette précaution, la sculpture aurait un aspect plat, souvent monotone et serait sans effet. On arrive facilement à ce résultat en se gardant de faire usage du papier de verre ou de la peau de chien de mer; le poli obtenu par ces moyens rend la sculpture molle et sans vigueur, parce qu'ils enlèvent les coups qui doivent donner du galbe à l'ouvrage, détruisent les détails tels que les retroussis, les côtes ou arêtes, les nervures, les refends et les arrachés.

Ajoutons que le papier de verre laisse toujours dans le bois des parcelles de verre qui ébrèchent le tranchant de l'outil quand on veut ensuite retoucher son ouvrage.

PROCÉDÉS POUR LA SCULPTURE DES DIFFÉRENTS GENRES.

Manière de sculpter la ronde-bosse.

Il faut choisir un jour qui fasse ressortir la saillie et le mouvement des moindres détails du modèle ou de la maquette et placer la copie sous le même jour, afin d'obtenir exactement les mêmes effets de lumière que ceux que produit le modèle; on procède ensuite à la préparation comme il a été indiqué, page 71, en ne s'attachant d'abord qu'aux masses principales, à leur plan, et reliant les détails aux différentes masses auxquelles ils appartiennent ou semblent appartenir.

Le travail étant à ce point, on passe à l'ébauche, qui demande ici la plus scrupuleuse attention. Le sculpteur doit examiner l'effet que produit son travail, en se plaçant à différents points de vue et comparant ainsi chacun de ses plans à ceux du modèle. En observant ces principes, il arrivera certainement à la ressemblance du modèle, mais il devra, dans le fini, s'efforcer de s'identifier à la pensée et au faire de l'artiste qui sont souvent déterminés par les derniers détails.

De la tête. — Les notions que nous venons d'indiquer sont générales et peuvent aussi bien s'appliquer à l'ornement qu'à la tête. Il est cependant nécessaire de donner un peu plus d'importance à ce dernier travail.

On dégrossit la tête en déterminant d'abord la masse générale, qui est celle d'un œuf. On détermine sur cette masse, au moyen du compas, la place de l'extrémité du nez, de la partie inférieure du menton, la ligne des sourcils et le sommet du front, et on abat le bois qui se trouve entre chacune de ces parties en les reliant entre elles par des plans légèrement convexes, on abaisse aussi les côtés des joues jusqu'aux oreilles.

On passe ensuite à l'ébauche en dégageant la masse du nez dans laquelle on réserve les narines, en creusant la cavité des yeux dans laquelle on laisse la convexité de l'œil un peu forcée, et abattant les côtés des joues dans lesquels on dessine la bouche et le menton; l'oreille est également indiquée par sa cornée et ses plans les plus saillants, et les cheveux sont massés dans leurs mouvements principaux.

Il faut revenir une seconde fois sur l'ébauche pour former les narines, ouvrir les yeux, tracer le sillon lacrymal, galbér le front et les joues, former la bouche, en indiquant les coin des lèvres et le saillant de leur accolade par quelques traits de force, et achever les plans de l'oreille.

Le fini de la tête est une des choses les plus délicates de la sculpture, car le moindre coup donné à faux détruit sa physionomie, change ses traits et peut quelquefois, dans l'ornement ou dans un groupe, donner lieu à un contre-sens, selon l'esprit général du travail. On comprend, en effet, qu'une physionomie austère ou grimaçant la souffrance, au milieu d'un motif Louis XV ou Louis XVI, serait disparate et produirait le plus mauvais effet. Il faut enfin s'identifier avec l'expression du modèle ou avec celle que l'on veut donner à son travail; arriver surtout à faire exprimer à son œuvre l'âme et la vie. Les yeux surtout et la bouche, qui donnent toute la physionomie à la figure, doivent être traités avec un soin tout particulier. On dégage, en dernier lieu, les masses principales de la chevelure qui doit être traitée avec le plus grand raisonnement, car il faut que l'œil puisse se rendre compte du mouvement d'une mèche depuis son attache jusqu'à son extrémité; quant aux mèches secondaires, on les indique seulement par de petits traits de gouge.

Il faut être très-sobre de détails dans cette partie de la tête qui demande à être traitée largement.

Quelque remarquable que soit le modèle que l'on copie, on n'arrivera jamais à la reproduction exacte, si on n'a pas quelques notions sur les proportions générales de la tête, et si on n'a déjà modelé quelques têtes d'après de bons modèles, qui ont familiarisé l'ouvrier avec les détails de l'exécution et lui ont appris à connaître la place des différents plans qui forment le galbe de la tête.

La figure. — Se fait d'après les mêmes principes, mais pour cette partie de la sculpture la connaissance des proportions du corps humain n'est pas suffisante, il faut avoir quelques connaissances d'anatomie, même pour faire les sujets vêtus, sans cela on est exposé à une infinité de fautes, dont la moindre est de ne pas poser le corps d'aplomb et de l'asseoir sur des jambes contournées.

Les pieds et les mains sont, après la figure, le travail le plus difficile, une étude attentive et spéciale peut seule en apprendre les principes qui sont souvent l'écueil des artistes.

Sculpture sur fond levé.

Après avoir tracé sur la planche les contours principaux du dessin que l'on veut exécuter ou y avoir collé une feuille de papier reproduisant ces contours, on fixe la planche, et on commence à *frapper* l'ouvrage, c'est-à-dire à déterminer les contours que doit avoir la sculpture, avec des outils du pas voulu, en ayant soin de frapper toujours à 2 ou 3 millimètres en dehors du bois réservé à la sculpture et un peu en gras (voir fig. 37). On défonce ensuite avec une gouge méplate, c'est-à-dire que l'on baisse toutes les parties où le fond se fait sentir, en creusant et enlevant de chaque côté du trait frappé à une profondeur à peu près égale à l'épaisseur de la sculpture. Le fond étant parfois à une trop grande profondeur, on ne peut pas toujours arriver à le niveler du premier coup; on baisse alors les plans intermédiaires et on creuse ensuite jusqu'au niveau voulu. Si on essayait d'atteindre le fond sans baisser les autres parties, l'épaisseur du bois empêchant de juger de combien on creuse, on risquerait de mordre sur le fond.

Le travail étant arrivé à ce point, on a tout le relief voulu pour exécuter le modèle et on commence l'ébauche, après quoi on recoupe en revenant avec l'outil sur les contours, auxquels on donne la forme qu'ils doivent avoir, en enlevant les faux coups et les arrachures, puis on *règle le fond.*

Cette opération consiste à bien l'aplanir, enlever tous les faux coups d'outils et en faire une surface unie qui fasse croire à l'œil que la sculpture y a été appliquée. Pour arriver à ce résultat, il faut avoir soin de ne jamais attaquer le fond; on y parvient en laissant une épaisseur proportionnée au relief de la sculpture. Le fond est nivelé avec le fermoir lorsque la sculpture a peu de relief, et que les intervalles qui séparent les parties sculptées sont assez grandes pour en permettre l'emploi, et on se sert du biseau lorsque la sculpture a plus de relief et que les intervalles sont plus petits, on fouille dans les angles avec le biseau nez-long.

Sculpture d'applique.

Ce genre de sculpture allége évidemment le travail que l'on se proposerait en exécutant le même sujet sur fond levé, mais elle n'atteint jamais la légèreté que l'on obtient par ce dernier procédé ; si bien faites que soient les retouches, on s'aperçoit toujours de quelle manière le travail a été fait.

On n'a plus à s'occuper du fond, puisqu'il n'existe pas. On dégrossit, on ébauche. Le travail étant fini, on le détache et on le colle sur le fond destiné à le recevoir, puis on fait les retouches, qui consistent à donner de la finesse et de la légèreté à certaines parties adhérentes au fond, de manière à les faire sentir. Ce n'est qu'en ce moment que cette opération peut se faire, car si on allégeait, comme elles doivent l'être, certaines parties du bas-relief sur la planche où l'ouvrage est provisoirement collé, il deviendrait impossible de le détacher sans briser une partie des détails.

MANIÈRE DE TRAITER LA VÉGÉTATION, LES RUBANS, ETC.

La végétation étant le genre le plus fréquemment traité par le sculpteur sur bois, nous croyons utile d'indiquer, en quelques mots, la manière de faire les feuilles d'un caractère particulier et quelques fleurs qui se reproduisent souvent dans la sculpture d'ornement. Ces exemples, qui servent de type à l'ornementation de tous les styles, feront comprendre au sculpteur de quelle manière doivent être traités tous les ornements de fantaisie qu'il voudra produire ou imiter.

Les Feuilles.

Pour faire la feuille, on découpe d'abord l'ensemble sans s'occuper des détails. On galbe en ayant soin de réserver au milieu une petite épaisseur pour la grande nervure ; on finit le dessus, on régularise la côte, enfin, on découpe les refends de la feuille et on dessine les petites nervures qui prennent naissance de chaque côté de la grande.

Tout en galbant les feuilles, il faut les caractériser, chaque genre ayant un mouvement, un genre de nervure et des refends particuliers.

Les refends ou découpures de la feuille sont toujours plus serrés vers son extrémité qu'à sa base.

Dans les feuilles, les parties les plus délicates sont les nervures, il faut avoir soin de les faire bien régulières, un peu carrées à leur naissance et arrondies à mesure qu'elles s'amincissent ; elles ne doivent jamais aller jusqu'aux extrémités, car elles rendent la feuille lourde en lui enlevant de sa souplesse.

Les petites nervures placées à des distances égales de chaque côté de la grande doivent, comme elle, diminuer de relief à mesure qu'elles avancent vers les refends de la feuille.

Pour obtenir ces nervures, on donne deux coups de gouge creuse très-fine, séparés par un intervalle très-mince, vers l'extrémité de la feuille et plus large vers son talon ; on baisse avec la gouge méplate de chaque côté de ces coups pour enlever les angles produits par la gouge.

Si, au lieu de dessiner l'épaisseur de la nervure avec une gouge creuse, on la frappe simplement, elle doit être dégagée de la même manière.

La feuille de Chêne. — Cette feuille demande beaucoup de mouvement, ses côtes vigoureuses se font quelquefois en creux ; pour les obtenir, on frappe avec une gouge du pas de la nervure, en appuyant un des coins de l'outil sur le bord de la côte du milieu, de façon à avoir plus de profondeur de ce côté et on abaisse ensuite.

La feuille de Lierre. — Est d'un galbe méplat ; aux angles aigus de la feuille on fait un retroussis très-léger ; sa nervure est souvent saillante au-dessous de la feuille et s'accuse par un creux faiblement senti à sa face supérieure.

La feuille d'eau. — Se fait de la même manière ; les retroussis sont plus forts, les côtes plus carrées ; on donne sur la surface et le revers de la feuille des coups de gradine pour imiter ces filets parallèles qui saillissent dans le sens de la longueur ; l'attache des nervures est plus forte ; les petites partent par paires des mêmes points et de chaque côte.

Le Jonc. — Se casse anguleusement, et on replie son extrémité pour la faire paraître flottante. Ses côtes sont dans le sens de toute sa longueur et très-fines, on les imite avec des coups de gradine.

Les Fleurs.

La fleur présente certaines difficultés par la variété du mouvement de chacune de ses parties. L'époque de Louis XVI est peut-être celle qui l'a le mieux traitée ; il faut cependant convenir que la fleur de ce genre est un peu sèche, cela tient à la trop grande légèreté que lui accorde ce style et à la reproduction trop fidèle de la nature que cherchaient alors les artistes ; mais les formes et les détails sont si vrais que malgré ses défauts les œuvres de ce genre seront toujours estimées.

La Rose est une des fleurs les plus employées dans l'ornement, et une de celles qui demandent le plus de raisonnement dans l'imitation. On comprend aisément que la sculpture ne peut reproduire les mille feuilles si minces et si légères qui composent la rose ; l'artiste doit donc en étudier les masses principales, et les indiquer par quelques feuilles largement traitées qui, dans leur ensemble, produiront ce qu'on pourrait appeler l'esprit de la nature.

Pour la reproduire, on commence par déterminer la direction de son axe en indiquant les différents plans de la fleur.

Dans lâ rose en boutons, les pétales étant tous rapprochés du cœur, on fait une masse arrondie comme pour un fruit.

Dans la rose épanouie, les pétales extérieurs tombent plus ou moins; on réserve à cet effet une ceinture de bois formant un plan à peu près perpendiculaire à son axe sur un plan inférieur au cœur; on l'arrondit extérieurement en conservant assez de bois pour trouver les revers des pétales; ceux qui se détachent le plus du cœur doivent avoir beaucoup de mouvement et de grands revers; plus ils s'en rapprochent, plus ils doivent être serrés et petits; les retroussis disparaissent dans le cœur, présentent intérieurement leur partie concave et sont à peine ouverts; cette partie demande beaucoup de légèreté. Le dégagement extérieur est en rapport avec l'épanouissement de la fleur.

La Tulipe. — Comme toutes les fleurs, la tulipe ne doit jamais se présenter entièrement de face, elle doit pehcher d'un côté ou de l'autre, et être vue en dessus ou en dessous. Cette fleur se masse de la même manière que la rose. Dans l'ébauche, on réserve du bois pour détacher un ou deux pétales, pas plus, parce que la fleur perdrait sa forme. Le pétale est toujours arrondi en relief sur le dessus, surtout vers la tige; ce mouvement change vers l'extrémité où la pointe se tourne en dehors, et est allégée par quelques coups de gradine. Il peut y avoir un intervalle entre les pétales, mais comme dans toutes les fleurs, ils doivent être joints vers la tige, ne présenter en cet endroit ni jour, ni intervalle, et rentrer légèrement en dedans.

L'intérieur de la tulipe est dégagé autant que possible, puisqu'elle n'a qu'une rangée de pétales.

Des fleurs plates à plusieurs pétales, reines-marguerites, etc. — Nous comprendrons dans le même groupe toutes les fleurs dites plates, telles que reines-marguerites, ignas, sistes, choréopsis, etc... Toutes ces fleurs se traitent de la même manière, nous ne parlerons que de la reine-marguerite qui résume à elle seule toutes les difficultés que l'on rencontre dans celles du même genre.

Pour faire ce genre de fleurs qui doit avoir la plus grande légèreté, on masse d'abord la forme générale, puis on indique le centre qui a la forme d'un bouton, qu'on laisse assez gros pour pouvoir, dans le fini, en détacher de petits pétales ; on le dégage ensuite pour obtenir le relief. On conserve de même, en donnant la forme de la fleur, certaines parties plus hautes destinées à faire saillir quelques pétales et on découpe le contour extérieur en gras, afin de réserver les pétales qui sont en dessous et dont les extrémités tombent plus ou moins. On dessine les pétales et on les frappe en observant qu'ils doivent généralement déborder les uns sur les autres en leur donnant cependant des mouvements opposés. Cette variété de mouvement est ici le point essentiel, si on ne veut pas que la fleur ait un aspect lourd et massif, ce qui est le grand écueil de la reine-marguerite. Il faut donc se garder, en découpant les pointes, de les faire ressembler à des dents de scie. L'irrégularité doit être raisonnée et possible pour produire bon effet. Les pétales qui tombent en avant doivent être bien dégagés et avoir les bords arrondis en creux ou en relief.

On fait ensuite de petits pétales méplats, sans symétrie sur le bouton arrondi qui est quadrillé, piqué ou sablé ; ces derniers peuvent être plus mouvementés que les autres, mais ils ne doivent pas entourer complétement le bouton.

Le Raisin.

L'ensemble de la grappe de raisin doit avoir la forme d'une poire renversée dont la partie inférieure est détachée du fond, ce qui lui donne plus de légèreté et un galbe mieux senti. On commence par ébaucher les graines du haut en les attachant à leurs tiges et donnant à la masse des *noirs* convenables qui ne doivent pas être trop profonds, parce qu'ils feraient supposer que la grappe n'est composée que d'une épaisseur de grains ; ceux-ci doivent être étagés et rangés sans symétrie, dirigés vers l'axe de la grappe et diminués sans régularité. La masse du bas peut présenter plus de grains qu'il s'en trouve immédiatement au-dessus, mais elle diminue à la partie extrême et peut se terminer irrégulièrement par un, deux ou trois grains bien détachés formant masse.

Le grain le plus favorable à la sculpture sur bois est celui dont la forme est allongée, il ne se frappe pas, on lui donne d'abord, avec la gouge mi-creuse, la forme qu'il doit avoir et on achève de l'arrondir avec la gouge creuse dans le sens de la longueur, en les détachant le plus possible et dirigeant leur axe dans le sens des tiges qui, par leur direction, sont supposées se rattacher à la tige principale.

On peut placer quelques petits grains dans les intervalles, mais ils ne produisent bon effet que dans les fonds.

Quant aux tiges, elles doivent se montrer de temps en temps dans les fonds et laisser voir l'attache de chaque grain; leur extrémité est figurée par une sorte de stygmate semblable à celui de la tulipe que l'on détache par de petits coups vigoureux.

Les Perles.

Les perles sont en bandes ou collier, c'est-à-dire de forme demi-sphérique ou entièrement sphérique et alors très-rapprochées.

On donne au bois l'épaisseur que doivent avoir les perles ou leur diamètre, et on le frappe dans toute sa longueur autant de fois qu'il doit y avoir de perles. On marque au crayon le centre de chacun de ces carrés, après quoi on abat avec une gouge méplate les angles de chacun de ces petits cubes, puis avec une gouge creuse que l'on tourne graduellement à droite et à gauche, on achève de les arrondir en respectant toujours la pointe de crayon qui indique le point culminant et peut être considéré comme l'extrémité de l'axe autour duquel doit graviter l'outil. On peut donc dire que la perle ne s'ébauche pas, on la dégrossit et on la finit immédiatement avec la gouge creuse. Une perle bien faite doit être obtenue en quelque sorte du premier coup ; c'est un tour de main qu'il faut savoir attraper et que la pratique donne facilement.

Les Rubans.

Les rubans se sculptent de deux manières : ou à *plat* ou de *trois-quarts ;* ils doivent être très-mouvementés, mais ceux de trois-quarts ou vus d'épaisseur sont plus chiffonnés et demandent plus d'attention. Quel que soit le mouvement du ruban, il ne doit rien perdre de sa largeur et les plis doivent bien se comprendre et se reproduire à la fois à l'endroit et à l'envers. L'épaisseur qui est toujours la même, sauf vers l'extrémité où elle diminue insensiblement, doit indiquer tous les mouvements du ruban. Les plis se font à angles, près des nœuds, deviennent plats à mesure qu'ils se rapprochent de l'extrémité.

Pour finir le ruban, on donne des petits coups de gouge méplate à côté des coups creux les plus vifs, afin de les mieux faire tourner, sans cependant les arrondir tout-à-fait, ce qui donnerait trop de mollesse au ruban.

DEUXIÈME PARTIE.

DÉCOUPURE ET DENTELURE SUR BOIS.

DÉCOUPURE.

La découpure du bois, qui appartient autant à l'ébénisterie qu'à la marqueterie, est un grand auxiliaire pour le sculpteur sur bois, quand il a à exécuter une sculpture à fond creux, soit qu'elle doive être ensuite appliquée, soit qu'elle doive rester à jour comme celle de la plupart des cadres; elle abrège l'ouvrage d'une manière très-sensible, en ce qu'elle dispense d'un travail manuel qui fait perdre un temps considérable et fatigue très-vite l'artiste par le peu d'intérêt qu'elle lui offre; elle donne en outre aux contours une régularité, comme netteté ou symétrie, qu'il est très-difficile d'atteindre avec la gouge. Il est donc indispensable au sculpteur de connaître la *découpure*, et, s'il ne la fait pas lui-même, d'avoir une idée générale sur les parties principales qui composent ces machines dont la fabrication découle toujours du même principe, quelque variés que paraissent au premier abord les différents modèles qui sont dans le commerce.

Nous dirons ensuite quelques mots sur la *dentelure* ou *découpure à la main* qui peut remplacer la découpure proprement dite dans certains petits ouvrages de peu d'épaisseur.

LA MACHINE A DÉCOUPER.

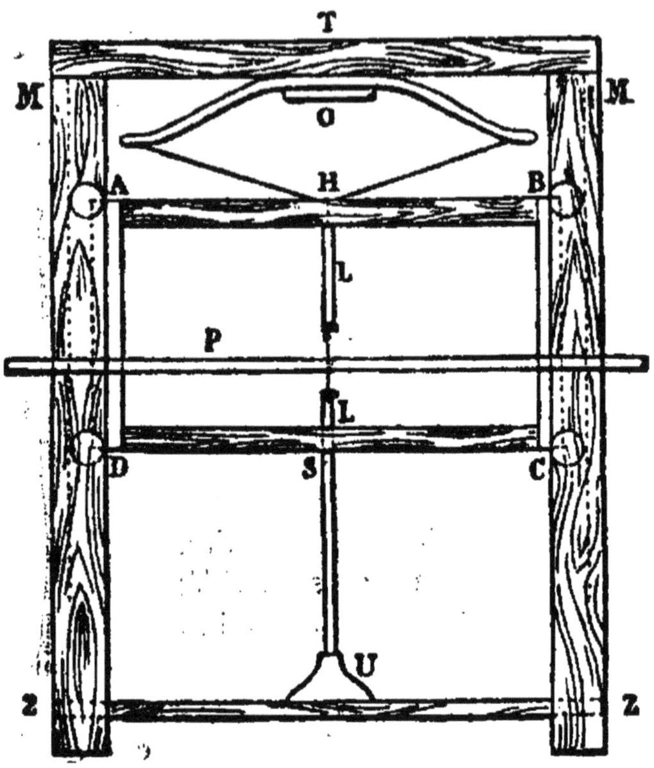

Fig. 38.

La *machine à découper* (dont la figure 38 représente une vue de face et la figure 39 une coupe de profil) se compose d'un cadre ABCD, muni d'une roulette à chacun de ses angles pour diminuer le frottement, qui glisse entre deux montants verticaux MZ, MZ, assis sur quatre pieds, fig. 38, dans lesquels on a pratiqué un canal destiné à recevoir les côtés latéraux AD, BC du cadre ; ces montants sont joints à leur partie supérieure par une traverse T à laquelle est attaché un ressort en arbalète O qui est en bois ou en acier. De chaque extrémité de ce ressort part une corde qui vient s'attacher en H au centre du montant supérieur A B du cadre. Au centre de son montant inférieur D C est fixée une courroie S qui vient se fixer à une pédale U qui fait corps avec une traverse Z Z et joue dans les montants M Z. On comprend qu'en mettant le pied sur la pédale U et pesant un peu, on abaisse le cadre qui pèse sur le ressort par le point H et qu'en cessant la pression, le ressort reprend la position primitive et fait par conséquent remonter le cadre.

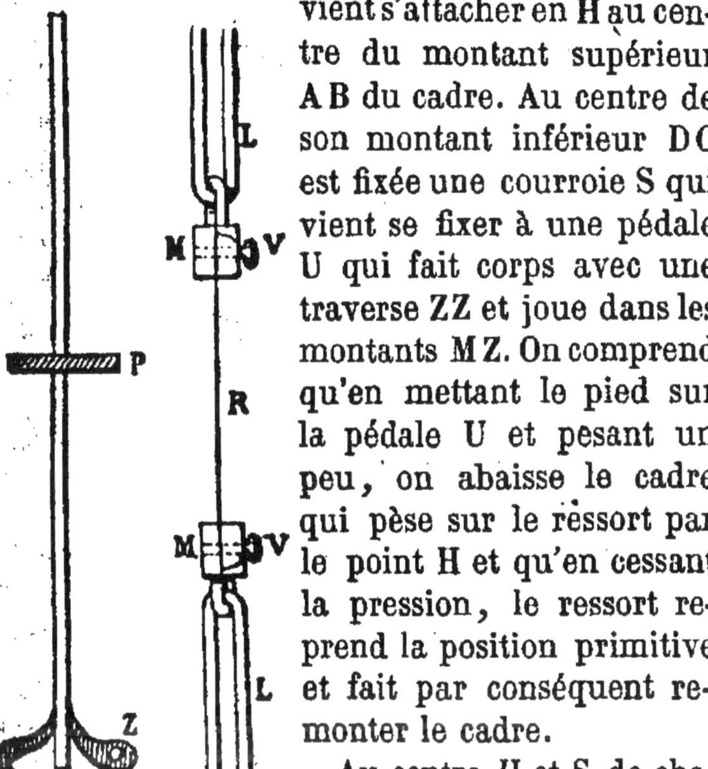

Fig. 39.   Fig. 40.

Au centre H et S de chacun des montants transversaux du cadre, et à leur partie intérieure, est placée une courroie de quelques centimètres L repliée sur elle-même et au pliant de laquelle (fig. 40) glisse, dans un anneau, une mâchoire M qui s'ouvre et se resserre au moyen d'une vis V; on place dans chaque mâchoire l'extrémité d'une lame de scie à découper, et au moyen des boucles, on serre les courroies jusqu'à ce que la lame soit parfaitement tendue.

Une planche P (fig. 38 et fig. 39) est placée à

cheval sur les montants M, Z, et donne passage à la scie par un petit trou.

Si maintenant on place un morceau de bois sur la planche et qu'on le présente à la lame en appuyant le pied sur la pédale et le levant alternativement, le mouvement du va-et-vient imprimé à la scie par le cadre, lui fera couper le bois, et, en dirigeant ce dernier avec la main, il sera facile de faire suivre à la scie les lignes les plus capricieuses et d'obtenir ainsi tous les dessins possibles de découpure.

Revenons maintenant sur les conditions dans lesquelles doivent se trouver toutes les parties de l'appareil.

Le bois employé est fort et résistant, surtout celui de la traverse T et des baguettes du cadre. Toutes les pièces sont assemblées à onglets et à doubles feuillures.

Le ressort, s'il n'est pas en acier, est en bois résistant, se pliant difficilement, sans pour cela qu'il soit cassant, et est fixé à la traverse par une vis à écrou et consolidé en son centre O par une petite gite dont le rôle est de le maintenir et de l'aider à reprendre sa position première quand on a pesé sur la pédale.

Les courroies sont passées dans des anneaux fixés aux traverses du cadre et aux mâchoires, et jointes par des boucles très-solides.

La courroie S de la pédale est également passée dans des anneaux et fermée par une boucle.

Les mâchoires sont en acier trempé, quadrillées

à leur intérieur afin de mieux saisir la lame de la scie.

La traverse Z Z de la pédale est encastrée à bouts cylindriques dans les pieds de devant des montants M, Z.

La planche P, qui sert à la fois de traverse aux montants et de planche d'établi, est percée d'un trou proportionné à la force de la lame que l'on emploie, plus il sera petit, plus on pourra exécuter de détails rapprochés, car s'il est trop large, les parties délicates ne sont plus soutenues d'aucun côté quand on la présente à la scie, et risquent ainsi d'être cassées par la force de son mouvement.

Quant aux lames des scies, elles doivent être d'une force proportionnée à l'épaisseur ou à la force de résistance du bois que l'on doit employer ; il faut les placer de manière à ne les faire dépasser que d'un ou deux centimètres le dessous de la planche P, afin de pouvoir se servir de la scie dans sa plus grande longueur possible. Quelle que soit l'épaisseur du bois, il faut toujours donner à la lame son maximum de tension qui s'obtient en serrant les courroies dans leurs boucles, sans cela elle est *molle*, ne coupe que difficilement et est d'autant exposée à se casser en se pliant qu'elle est d'une trempe très-sèche. On fera bien de la graisser de temps en temps pour l'aider à glisser dans le bois. Il faut aussi que la scie joue verticalement, sans cela le trait est oblique, la lame ne suit pas exactement les contours du dessin et les pièces découpées ne peuvent plus être enlevées qu'en risquant de tout briser.

Une machine de force ordinaire, construite dans les conditions que nous venons d'indiquer, peut couper des planches de 4 centimètres d'épaisseur. On en fabrique de plus puissantes qui peuvent couper des bois de 20 centimètres et plus, mais alors le ressort, qui doit avoir une très-grande force, est fixé au plafond de l'atelier et la courroie supérieure L de la figure 40 (remplacée souvent par une tige d'acier) lui est directement attachée; le cadre et les montants sont donc supprimés, et l'appareil proprement dit se réduit alors à la planche avec les pieds et la pédale. Quelquefois on place sur le côté et en dehors des pieds une roue à volant dont le but est d'accélérer le mouvement de la pédale, et d'alléger la fatigue de l'ouvrier.

Ces dernières machines ont sur les autres l'avantage de découper des planches d'une longueur et d'une largeur presque indéterminées, tandis que les machines à cadre, et aussi celles qui vont être indiquées plus loin, ne peuvent découper que des planches dont la plus grande dimension plane est égale à la moitié de la largeur du cadre, c'est-à-dire de la scie à un des côtés du cadre; car, si on veut couper dans un des angles de la planche, il faut qu'elle puisse tourner librement autour de la lame de la scie, la diagonale devient alors le rayon d'un cercle qu'elle engendre en se mouvant autour d'une de ses extrémités comme centre, lequel est précisément figuré par l'axe de la scie.

LA SCIE A RUBAN.

L'extension donnée aux ornements découpés, et la nécessité de produire au plus bas prix possible des meubles ornés de sculpture, a donné l'idée à quelques industriels de substituer la vapeur à la pédale. La force d'impulsion est alors appliquée à la partie supérieure et le ressort se trouve à la partie inférieure.

La scie de ces machines est souvent alors un véritable *ruban* qui est mis en mouvement par deux tambours qui lui impriment un va-et-vient *uniforme* qui scie le bois de haut en bas et supprime ainsi le mouvement *alternatif;* on les appelle *scies à ruban.*

Nous compléterons ces indications en donnant la description de deux nouvelles machines dont on trouvera des modèles de toutes les forces chez M. Perrin, du faubourg Saint-Antoine, et chez M. Gérard, avenue Daumesnil.

SCIES VERTICALES.

La figure 41 représente une petite scie verticale qui est destinée à remplacer la scie à découper ordinaire. Elle sert, comme celle-ci, à découper des ornements dans des feuilles de bois précieux et se distingue de cette dernière en ce que, par la solidité de sa construction, elle peut découper des bois plus épais, et, par conséquent, jusqu'à un certain point, remplacer la scie à lame sans fin ou scie à ruban, principalement dans les cas

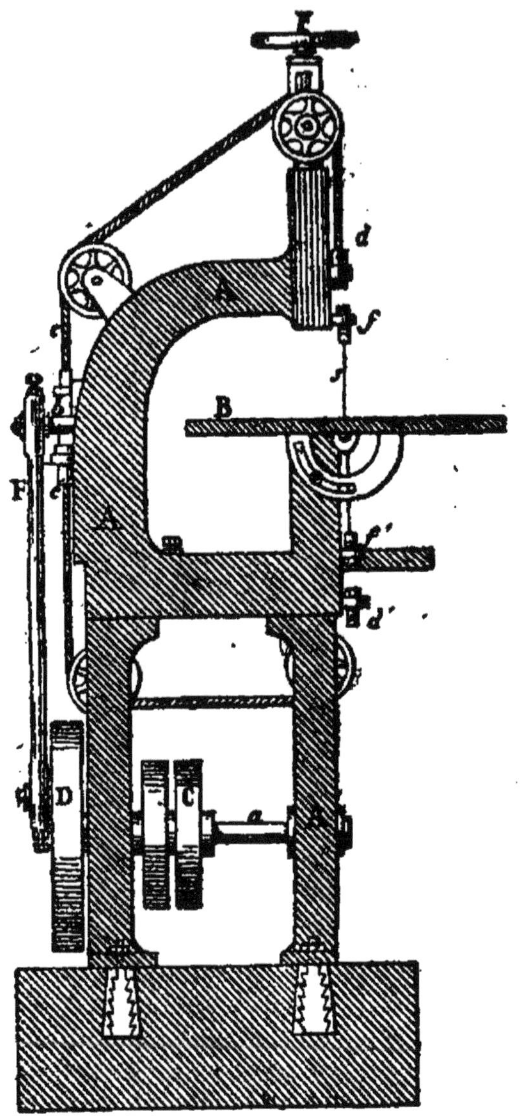

Fig. 41.

où l'on veut, avec une scie verticale, exécuter les
travaux les plus variés.

Dans cette machine, la lame de la scie a une course de 16 centimètres. A, bâti moulé en fonte creuse; B, table de travail qui peut tourner sur un axe horizontal ; C, poulies motrices calées sur un arbre a qui, à son extrémité extérieure, porte une roue D à bouton excentrique. La bielle E est assemblée sur ce bouton, et lorsque la machine est en mouvement elle imprime un mouvement alternatif à la corde à boyau c et c'. Les deux bouts d et d' de cette corde sont attachés à des pièces de guide qui servent de monture ou d'attache f et f' à la lame de scie s. La petite roue à main F maintient constamment la corde à boyau dans l'état de tension convenable, et les points d'attache f et f' de la lame ont une disposition telle que, comme dans les scies à découper, d'un côté, la lame est un peu saillante, et, de l'autre, qu'elle tourne, chose importante pour que le travailleur puisse faire prendre à la machine la position la plus convenable, qui dépend, du reste, de la forme du bois qu'il travaille.

On voit donc, sans entrer dans plus de détails, que lorsqu'on fait tourner l'arbre a, la scie prend un mouvement de va-et-vient, mais ce mouvement, et, par conséquent, le trait pratiqué, est plus ferme, parce que la lame est maintenue par des guides travaillés avec soin, et, de plus, parce qu'elle peut être constamment tendue au degré convenable.

Cette scie exécute 360 oscillations par minute et peut être établie pour une course qui varie de 16 à 26 centimètres. L'expérience a démontré qu'on peut travailler, par son secours, des bois depuis 3 jusqu'à 26 millimètres d'épaisseur, ce qui indique les emplois généraux qu'on peut en faire dans la marqueterie de tous les genres et pour le travail des bois plus épais.

L'autre scie en passe-partout de la fig. 42 pa-

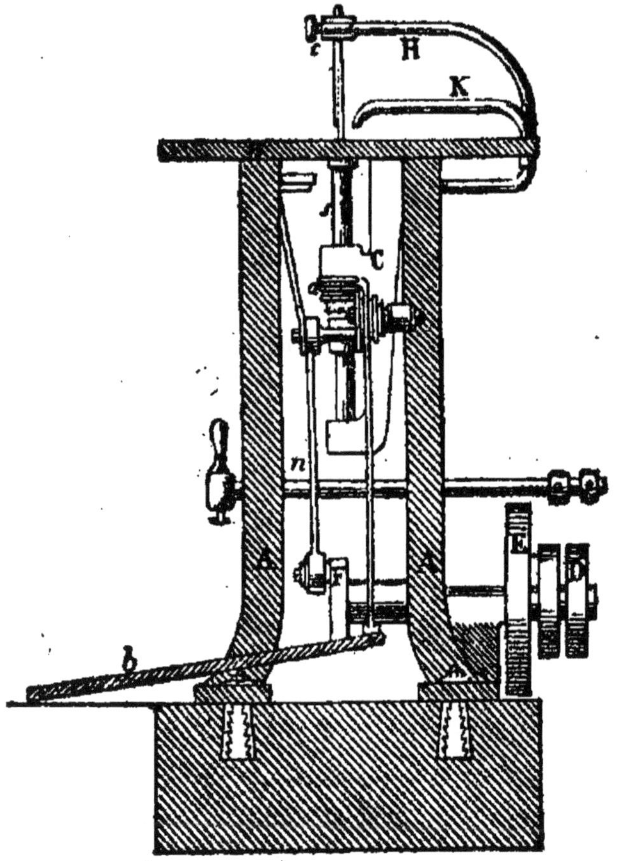

Fig. 42.

raît plus nouvelle dans sa construction, mais peut servir également comme scie à découper. Elle se distingue néanmoins de celle-ci, d'abord en ce que son extrémité supérieure n'est pas encastrée, mais travaille librement, et, en outre, parce que ce n'est pas le bois qu'on travaille qui tourne, mais la scie elle-même, à l'aide d'une pression exercée par le pied de l'ouvrier. Cette dernière circonstance a pour conséquence principale que le bois à découper peut avoir une longueur quelconque, que le travail y est plus libre et plus facile, mais aussi qu'il exige de la part de l'ouvrier un peu plus d'adresse et de dextérité. Si on remplace la lame de scie par une râpe ou autre outil analogue, on peut employer la machine aux travaux les plus délicats.

A, bâti en fonte; B, table de travail; C, pièce solidement fixée sur la machine portant les guides pour la queue ou soie *s* de la scie; D, poulies motrices montées sur le même arbre que le volant E de la poulie à bouton F. C'est cette dernière qui imprime, lors du mouvement de la machine au moyen de la bielle *n*, le va-et-vient à la queue *s* de la scie, qui, en outre, peut tourner par les moyens suivants :

Sur cette queue *s* est enfilée une poulie à gorges *a* qui peut y glisser dessus, mais non pas y tourner ; sur cette poulie est jetée une corde croisée dont les bouts passent sur deux rouleaux de renvoi établis sur les parois latérales du banc et arrêtées dans le bas sur les deux marches *b*. L'ouvrier, assis sur un tabouret devant la machine, pose les pieds sur ces marches, et il est facile de voir qu'en foulant l'une et l'autre de celles-ci il peut imprimer un mouvement tournant à la scie.

L'appareil est complété par deux potences H

établies sur la table de travail au travers desquel-
les passent des tiges de pression ajustables c desti-
nées à maintenir et à arrêter la table, et une buse
k qui chasse la sciure qui dépose sur cette table.
Cette scie fait également 360 excursions par mi-
nute.

La première de ces deux machines ne peut être
mise en mouvement que par la vapeur en faisant
passer des lanières par les poulies motrices C et
par l'arbre générateur. La vapeur et la pédale
peuvent être employées pour la seconde scie : les
lanières s'appliqueraient en D autour des poulies
et la pédale pourrait être placée en b, à côté de
celle qui fait tourner la scie ; il serait plus simple,
dans ce dernier cas, de remplacer les poulies par
une roue à main.

———

L'Exposition universelle de 1867 offrait plusieurs
modèles de scies verticales *alternatives* ou à *ru-
bans*, mais nous n'avons remarqué que celles de
MM. Perrin et Gérard qui puissent être signalées
dans cet ouvrage ; les autres, surtout celles des
Anglais et des Américains, étaient d'une force ex-
cessive et exigeaient des ressources de vapeur que
l'on ne rencontre que dans les grandes usines.

GUIDE-LAME PROPRE A MAINTENIR LE BOIS SUR LA TABLE A DÉCOUPER.

Une des grandes difficultés qui se présentent le
plus souvent dans la découpure est, ainsi que
nous l'avons dit, de bien maintenir et de bien

guider la lame pendant qu'elle travaille. On résout cette question par un mécanisme simple, facile, et d'autant plus avantageux, qu'il s'applique aussi bien aux scies à lames droites qu'aux scies à lames sans fin.

Ce mécanisme, qui s'appelle *guide-lame cylindrique*, consiste principalement dans la disposition de deux cylindres en acier placés horizontalement de chaque côté de la lame et libres de tourner sur eux-mêmes, lorsqu'ils sont en contact avec celle-ci. Ces cylindres sont exactement parallèles au plan de la scie, leurs axes sont ajustés dans une espèce de cage en fer ou en fonte qui se boulonne sur des consoles rapportées contre le bâti de la machine, et sur lesquelles on peut régler très-exactement leur position par rapport à celle que la lame elle-même doit occuper.

On peut même, au besoin, régler l'écartement des deux cylindres entre eux, suivant l'épaisseur de la lame, et suivant la pression plus ou moins grande que l'on veut exercer contre elle à l'aide d'écrous et de petites vis de rappel qui les rapprochent on les écartent à volonté.

Ce système de guide-lame est bien préférable à ceux généralement adoptés, en ce que, d'une part, il n'échauffe pas la scie, et que, d'un autre côté, il la guide parfaitement bien, tout en ne portant contre elle que par une génératrice de contact sur chaque face.

Ce guide-lame a l'avantage d'obvier à tous les inconvénients que présentent les guide-lames ordinaires, en ce qu'il s'applique avec la même facilité, avec les mêmes avantages, aux systèmes de scieries alternatives qu'à celui de la scierie sans fin.

OBSERVATIONS COMMUNES A LA DÉCOUPURE ET A LA DENTELURE.

Le procédé employé pour fixer le dessin sur le bois qui doit être découpé est celui que nous avons indiqué page 73, mais le dessin doit être fait d'un trait sec et net, exempt de tout renflement qui indiquerait les ombres afin de ne laisser aucune hésitation sur le contour à suivre.

La découpure sur bois qui paraît tout d'abord d'une très-grande simplicité, demande encore une certaine pratique à laquelle on arrive plus facilement si on se persuade que dans ce genre de travail toute la difficulté est de mettre la scie en mouvement avec une force égale et surtout de bien conduire le bois à découper, et pour cela le présenter à la scie d'une manière régulière, de telle sorte que le dessin à exécuter soit pour ainsi dire dans les doigts de l'ouvrier et qu'il ne cherche pas à activer son travail en poussant trop le bois vers la scie, ce qui a le double inconvénient de briser les lames et d'obtenir des traits plus profonds, il est vrai, mais qui souvent portent à faux.

Pour procéder au découpage, on percera dans les parties qui doivent être enlevées des trous à la vrille ou à la vis d'Archimède assez forts pour que la lame de la scie puisse y passer ; on retirera cette dernière de la mâchoire supérieure et on la fera passer par le dessous dans les trous de la planche à découper ; on resserrera ensuite la scie dans la mâchoire supérieure, puis on tendra la lame au moyen des courroies ou des vis de rappel de la tige qui en tiendra lieu.

Si le dessin présente des trous ronds, imitant les perles, par exemple, on le percera tout d'abord avec la vis ou la vrille, on abrégera ainsi la besogne tout en obtenant des résultats plus réguliers que ceux que donnerait la scie ; on commencera ensuite par les détails les plus délicats, en ayant soin d'observer les recommandations ci-dessus, et on passera successivement aux parties les plus fortes, en allant, par exemple, du centre d'une fleur à ses points de raccord avec les ornements qui l'environnent, on détachera d'abord la corolle et en dernier lieu sa tige légère qui aurait pu se rompre si elle avait dû subir cette sorte de trépidation imprimée par la scie dans le travail de la corolle. Cette règle est générale pour tous les travaux que l'on peut avoir à exécuter.

Quand on a à découper des planches peu épaisses, on peut, si le travail oblige à les faire en double ou en triple, en poser plusieurs l'une sur l'autre, jusqu'à ce que l'on ait atteint l'épaisseur que peut scier la machine. On les fixe ensemble par une ou deux pointes et on applique le dessin sur celle qui est placée au-dessus ; on obtient alors d'un seul trait de scie plusieurs découpures identiques. Si, dans ce cas, on désire garder le dessin exécuté sans vouloir se donner la peine de le tracer de nouveau, il suffit de placer une feuille de papier ou de carton entre deux planches, et quand on les sépare après le travail terminé, on retrouve aussi, découpées dans le papier et dans leur rigoureuse exactitude, les lignes tracées par la scie. Quand la planche a une dimension qui ne permet pas de la découper tout d'une pièce sur la machine ou avec la scie, on peut arriver à l'exécution du dessin en sciant cette planche en deux ou en quatre, on exécute alors chaque partie isolément et on les assemble ensuite avec de la colle-forte.

DENTELURE.

La facilité avec laquelle on arrive à obtenir des résultats agréables avec la *découpure* a inspiré à un grand nombre d'amateurs le désir de découper des bois de peu d'épaisseur, de nuances variées et qui représentent la silhouette plate des dessins. Ces compositions, ordinairement fines et déliées, qui souvent aussi sont très-compliquées, ont fait donner à cet art d'agrément le nom de *dentelure.*

La dentelure n'est donc autre chose que la découpure faite sur des planches minces et qui ne doivent pas être sculptées. Elle se fait au moyen de *machines* ou *à la main* avec une scie toute spéciale. Nous allons expliquer l'un et l'autre procédé.

MACHINE A DENTELURE.

Les machines à dentelure sont toutes faites d'après le même principe que celles à découper que nous avons indiquées page 98.

Le commerce en fabrique pour la dentelure de semblables, mais beaucoup plus faibles. On en trouve aussi d'un modèle plus commode dont la figure 43 peut donner une idée. Elles se composent d'une planche soutenue par deux panneaux latéraux ; au-dessus se trouve un morceau de bois équarri affectant la courbe d'un arc de cercle, ou mieux en potence recourbée ; à son extrémité est placé un ressort à boudin B, fortement trempé, auquel on attache la mâchoire. Le reste de la machine, pédales, courroies inférieures, deuxième mâchoire, placement de la scie, est absolument comme ces

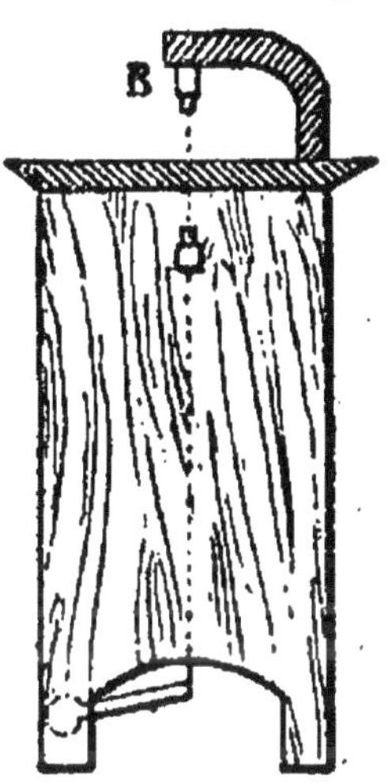

Fig. 43.

parties correspondantes dans la machine à découper. On voit qu'ici la pédale agit directement sur la scie, et comme celle-ci n'est ramenée à sa position normale que par un simple ressort à boudin, il est inutile d'ajouter que cet instrumeu doit être traité avec délicatesse et ne peut couper que des planches de très-peu d'épaisseur.

La poudre du bois qui se forme sur l'ouvrage

par l'action de la scie, recouvre à chaque instant les traits du dessin que l'on doit suivre et oblige à souffler fréquemment pour la faire partir, ce qui fatigue la poitrine quand on travaille longtemps de suite ; on évite cet inconvénient en ajoutant à la machine un petit soufflet que l'on place à hauteur de la mâchoire supérieure et dont le tube est dirigé sur l'endroit où la scie traverse la planche ; sa soupape est mise en communication avec le ressort à boudin (ou la corde de l'arbalète dans la machine à découper) ; le mouvement de la pédale fait alors jouer le soufflet qui chasse ainsi la sciure de bois à mesure qu'elle se forme, et épargne à l'ouvrier la fatigue de souffler lui-même.

La vogue de fantaisie de ce genre d'occupation a inspiré des modèles commodes et élégants dont le magasin des *Forges de Vulcain* a toujours plusieurs spécimens. Ils se conduisent tous comme la machine à découper.

SCIE A DÉCOUPER.

L'autre procédé de la dentelure emploie la scie à découper, fig. 44, qui se compose d'une tige d'acier repliée en C ; à l'extrémité de la branche inférieure I est adapté un manche surmonté d'une mâchoire M quadrillée à l'intérieur, que serre une vis. La partie correspondante de la branche supérieure est renforcée d'un manchon S et percée pour donner passage à une tige en fer, qui est carrée à la partie qui s'emboîte dans le manchon, et porte à la partie inférieure une mâchoire M'

semblable à celle qui vient d'être décrite, et se
termine, au-delà du manchon, par un pas de vis
destiné à recevoir un écrou à main E. La lame de
la scie est d'abord introduite dans la mâchoire in-
férieure, puis dans le trou de la planche qu'elle
doit couper, et enfin dans la mâchoire supérieure
que l'on a soin de tirer à quelques centimètres

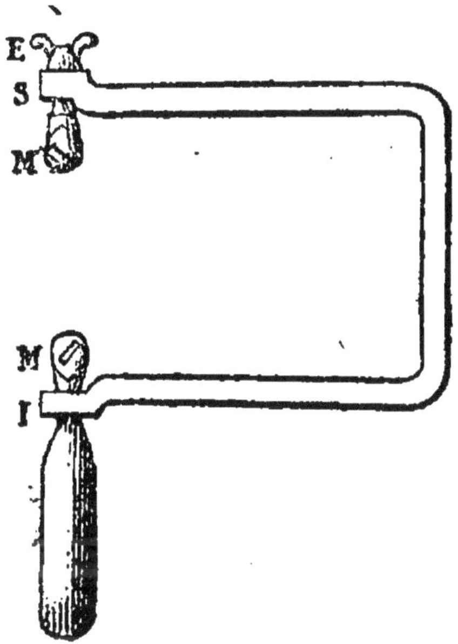

Fig. 44.

en-dessous du manchon; quand les vis sont forte-
ment serrées, de manière à faire maintenir soli-
dement la scie dans la partie quadrillée, on serre
l'écrou à main jusqu'à ce qu'elle soit parfaite-
ment tendue et rende, en la pinçant avec le doigt,
un bruit semblable à celui du diapason.

Ainsi que nous venons de le dire, la lame est
enfoncée de haut en bas dans les trous de la plan-

che à découper, de telle sorte que la poignée soit en dessous de la planche, et c'est par le mouvement de va-et-vient imprimé par la main à l'instrument qu'on scie le bois.

Cet instrument demande à être manié avec d'autant plus d'attention, que c'est ici le bras qui sert de ressort et qu'il.doit, en outre, conduire l'outil de façon que la lame reste constamment perpendiculaire à la planche, sans cela elle porte à faux et se casse; son usage est, de plus, très-fatigant pour les commençants; il faut donc joindre à la force une souplesse de poignet qui n'est pas toujours très-facile à acquérir.

MANIÈRE DE FINIR LA DENTELURE.

Quel que soit le procédé que l'on emploie pour exécuter la dentelure, la scie laisse toujours au bois une bavure à la partie inférieure ; cet inconvénient, qui est insignifiant dans la découpure qui doit servir à la sculpture, parce que la gouge se charge presque toujours de le faire disparaître, doit être réparé dans la dentelure, afin de lui donner la netteté qui est une des conditions d'un travail bien exécuté. Il suffit pour cela de retourner la planche, de la placer sur une table où elle porte bien en tous ses points, et de la frotter légèrement avec des morceaux de verre cassé à arêtes vives, en suivant, autant que le permet la délicatesse de la dentelure, le fil du bois, afin d'obtenir plus vite le poli que doit avoir le travail. Quant à la partie supérieure de la planche qui présente toujours une coupure bien nette, il suffit de la polir préalablement avec du papier de verre. Si, enfin, la scie a laissé parfois des traits trop accusés dans les parties extérieures, surtout si quelques angles ont été trop arrondis et qu'on ne veuille pas y revenir avec la scie, on y remédie en polissant ou usant le bois avec de petites limes d'un grain très-fin et très-mince, qui ont au plus quelques centimètres de longueur, et que l'on peut conduire dans les sinuosités les plus déliées.

BOIS PROPRES A LA DENTELURE.

Les bois les plus employés pour la dentelure sont, dans l'ordre alphabétique :

L'Acacia.
L'Acajou.
Le Buis.
Le Cèdre.
Le Cerisier.
Le Citronnier.
L'Erable.
Le Marronnier d'Inde (bois de Spa).
Le Noyer.
Le Palissandre.
Le Poirier.
Le Pommier.
Le Tilleul.
Le Violet, espèce de palissandre.

Celui qui se prête le mieux à la dentelure et qui produit le plus bel effet, est le marronnier d'Inde, dit bois de Spa, qui est d'un blanc mat, a un grain très-fin et est assez flexible. Le commerce en vend débité par feuilles qui ont depuis 1 millimètre et demi jusqu'à 5 millimètres d'épaisseur et même plus. Celui qu'on rencontre le plus fréquemment tout débité est l'acajou, dont sont faites les planchettes des boîtes à cigares, il a malheureusement l'inconvénient d'être très-cassant, et c'est pour cette raison qu'on ne doit y découper que des dessins peu délicats.

L'ébène est un bois très-dur à scier, que l'on n'emploie pas dans la dentelure, on le remplace par le poirier teint par le procédé indiqué page 61 et suivantes, mais il faut ensuite repasser de la couleur avec un pinceau sur la tranche de la dentelure, car ce procédé de teinture ne pénètre pas toujours assez profondément.

On se sert aussi de bois quelconque plaqué en palissandre, acajou, etc.; dans ce cas le bois travaille moins, mais l'humidité fait quelquefois décoller le placage. Il faut alors colorer le bois de dessous, ou au moins les tranches, avec une nuance identique à celle du placage, et la passer au vernis, afin de la mettre en harmonie avec la partie supérieure de la dentelure.

Tous ces bois doivent être d'autant plus secs, quand on les emploie, que les feuilles sont très-minces et que le moindre jeu occasionné par l'humidité suffirait quelquefois pour faire rompre le bois dans les parties les plus fines de la dentelure.

On donne le brillant à la dentelure ou à la

marqueterie, avec le vernis copal qui s'assimile parfaitement à toutes les essences de bois. — Si on veut rendre simplement le bois mat, on le frotte avec de l'huile de lin mélangée d'essence de térébenthine, on le laisse sécher et on le frotte ensuite avec du papier de verre n° 1, pour enlever au bois les parties rugueuses que l'enduit a pu soulever.

DENTELURE EN MARQUETERIE.

La dentelure sert aussi à faire des ouvrages en marqueterie dont la simplicité d'exécution offre une ressource nouvelle aux amateurs. Si, en effet, quand le dessin est découpé, on replace dans leur encastrement les morceaux que la dentelure rejette, après leur avoir donné une teinte qui tranche avec leur couleur primitive, on obtient immédiatement un ouvrage en marqueterie d'un effet d'autant plus agréable que les nuances auront été plus heureusement choisies et que le dessin sera d'une exécution plus appropriée à l'objet qu'on se propose.

On emploie ordinairement deux moyens pour arriver à ce résultat.

L'un consiste à laisser séjourner les morceaux découpés dans un bain composé d'une des teintes que nous avons indiquées page 60 et suivantes; quand le bois est imbibé à une certaine profondeur on le retire, on le fait sécher et on le replace ensuite dans les trous auxquels correspond chaque morceau de bois. Quelques personnes en frottent préalablement les côtés avec de la colle froide liquide, mais quand le trait de scie est fin, l'intervalle qu'il laisse est très-peu sensible, il suffit alors de placer la dentelure sur une feuille de papier fort, couverte d'une faible couche de colle-forte chaude et de caser ensuite les différentes pièces. Quand la colle est sèche, l'adhérence est assez complète pour donner de la solidité à l'ensemble.

Dans le second moyen, on place l'une sur l'autre deux planches qui ont été teintes des deux nuances que l'on veut marier ensemble, et on les découpe du même trait; le résultat donne deux découpures dont les morceaux de l'une peuvent s'enchâsser dans les vides de l'autre, et réciproquement; on obtient ainsi d'un seul coup deux planches de marqueterie d'un effet contraire. On procède ensuite pour le collage ainsi que nous venons de l'indiquer.

Quel que soit le procédé employé, il faut toujours, quand l'opération est terminée, passer le *racloir* sur la marqueterie. Ce *racloir* est une lame d'acier à angles vifs qui polit également le bois sans y laisser ces sillons qu'y laisse le rabot. On enlève ainsi les parties saillantes des pièces qui auraient pu jouer, et on donne à la planche ce poli auquel on met la dernière main avec le papier de verre.

Il va sans dire que les trous faits pour passer la scie doivent être aussi petits que possible. Afin que la réparation soit moins apparente, on les rebouche avec de la cire nuancée comme la pièce

dans laquelle ils sont faits, ou de la gomme-laque
quand le ton général le permet.

Nous renvoyons, pour compléter ce que nous
avons à dire sur la dentelure, à la page 110.

SCULPTURE A LA SCIE.

Procédé de M. Louis.

Nous terminerons notre traité sur la découpure,
en décrivant un nouveau procédé inventé par
M. Louis, au moyen duquel on arrive par la simple
découpure à reproduire un objet sculpté, dans
certaines conditions. Ce procédé, aussi simple
qu'ingénieux, permet surtout de reproduire la
sculpture d'applique, bien qu'il permette de trai-
ter également des sujets en ronde bosse.

Voici en quoi il consiste :

On prend autant de feuilles du même bois qu'il
en faut pour former une bille ou masse de la
dimension du morceau de sculpture que l'on veut
faire ; on les colle ensemble, et au moyen de la
pression on fait joindre parfaitement toutes ces
feuilles, en sorte qu'elles forment un morceau
bien compacte.

Il est nécessaire de proportionner les feuilles
à la grandeur du morceau à exécuter, c'est-à-dire
que plus le morceau est petit et plus les feuilles
sont minces, et *vice versâ ;* il faut les coller dans
l'ordre où elles ont été prises en les tirant du bois
en *grume,* afin que l'ordre des veines et du fil

ne soit point changé; il y a nécessité à bien remplir cette condition, si le morceau doit rester couleur bois.

Quant à l'épaisseur des feuilles, plus elles seront épaisses, plus la mise au point sera grossière et moins on obtiendra d'épreuves.

On convertit le bloc obtenu en une sculpture, soit figure ou ornement, qui devient le modèle; cela fait, on le perce d'autant de petits trous qu'il en faut pour que chacune des feuilles qui composent le morceau soit percée de deux trous dans sa longueur, pour être enfilée par deux broches en acier, afin de pouvoir la remettre à sa place, quand elle sera décollée, car il faut leur faire subir cette opération, pour que chacune de ces feuilles serve de calibre destiné à obtenir plusieurs autres feuilles semblables.

On fait ensuite tremper dans l'eau ce morceau de sculpture le temps nécessaire pour que les feuilles se décollent, et à mesure qu'on les enlève, on les numérote suivant l'ordre qu'elles doivent occuper dans les autres opérations. Puis on prend cinquante feuilles de la même épaisseur et de même dimension, en longueur et en largeur, que celles qui ont été décollées du modèle; on les fixe à plat les unes sur les autres, avec des vis, sur un petit fond de 1 centimètre d'épaisseur, pour que la scie ne fasse pas éclater les feuilles de dessous.

On fait autant de paquets de cinquante feuilles, fixées et vissées de la même manière, qu'il y a de feuilles dans le modèle sculpté; chacune de ces feuilles sert de calibre pour tracer sur chacun de ces paquets les trous dont ces feuilles sont percées.

On découpe ces paquets à la scie, en ayant soin de bien suivre les contours du tracé ; on a donc cinquante feuilles dans chaque paquet pareilles à chacune de celles qui ont servi de calibres, et sur chacun des paquets, on marque le numéro de la feuille qui a servi à tracer ; toutes ces feuilles réunies et collées dans l'ordre de leur numéro, donnent cinquante morceaux sculptés pareils au modèle.

Nous avons pris cinquante feuilles, mais ce nombre peut être augmenté ou diminué selon la force de la scie dont on se sert.

Enfin, pour rassembler et décoller ces feuilles, on a une presse verticalement placée avec beaucoup de vis à droite et à gauche de l'une de ses parois, pour que la pression se fasse partout également.

Dans l'autre paroi sont deux broches en acier mobiles, à coulisses, pour enfiler chaque feuille par les trous dont elles sont percées, afin qu'elles occupent bien la place qu'occupait celle du modèle, en suivant l'ordre des numéros. Après les avoir collées, on les comprime de telle sorte, qu'il ne reste, pour ainsi dire, plus de colle, du moins visible, et que les joints ne paraissent pas.

On laisse sécher la face de ces épreuves comme celle du modèle, dont les feuilles servent de calibre ; cette face est prise du côté de l'épaisseur des feuilles, bien que l'on puisse prendre celle du côté du plat des feuilles, et même composer ces morceaux de sculpture avec des pièces de rapport, dont les collages se contrarieraient autant que la forme l'exigerait. Pour éviter les angles des feuilles dans les tournants, pour donner plus de légèreté et plus de durée au bois, on peut faire creux en sciant l'intérieur des feuilles et obtenir un vide qui laisse l'air circuler, et empêche le bois et la colle de moisir, jusqu'à parfaite dessiccation.

Dans les parties détachées, telles que bouts de feuille, ou les doigts des statues, les collages avec pression, deviendraient difficiles, si on ne réservait pas des tenons aux modèles.

On a encore la ressource du fer chaud pour coller ces petits bouts de placage et des moules ou formes pour empêcher les devers.

Comme l'épaisseur de chaque feuille donne un angle de trop, qui fait saillie, surtout dans les tournants, on l'enlève au ciseau et à la râpe ; de cette manière, si toutes ces opérations sont bien faites, on obtient un vrai fac-simile de modèle.

Epreuves en argent, bronze et zinc.

On fait un modèle en bois pour les épreuves en métal, de la même manière que pour les épreuves en bois, en mettant les feuilles de ce modèle bien juste de la même épaisseur que les feuilles de métal dont on veut faire des épreuves.

On fait des paquets des feuilles du métal, comme pour le bois, et on les trace avec les feuilles de ce modèle; la seule différence est que le métal doit avoir le moins d'épaisseur possible. Pour y parvenir, on les découpe intérieurement comme extérieurement par bandes très-étroites, afin d'obtenir un très-grand vide dans l'intérieur du morceau, soit figure, soit ornement.

Ces feuilles sont rassemblées dans l'ordre de leur numéro; on les goupille et les soude, en sorte qu'elles forment une masse compacte et sonore, comme si le morceau était fondu; il ne reste plus alors qu'à monter et à ciseler.

TROISIÈME PARTIE.

SCULPTURE SUR BOIS PAR DES PROCÉDÉS MÉCANIQUES.

Notre Manuel ne serait pas complet si nous omettions de parler de plusieurs procédés de sculpture différents de celui qui est employé dans les arts, et de certaines transformations que peut subir le bois, qui tiennent une grande place dans l'industrie et sont, par cela même, d'une connaissance indispensable.

PROCÉDÉS DE SCULPTURE PAR COMPRESSION.

La sculpture, considérée sous tous les aspects où elle peut se présenter, a été, depuis une quarantaine d'années, l'objet de travaux mécaniques très-multipliés et qui, par un bonheur trop rare en industrie, ont presque tous été couronnés de succès : ainsi la gravure en médailles qui, sous forme de poinçons, n'est autre chose que de la sculpture, a été merveilleusement exécutée par le tour à portraits, et est arrivée, pour certaines parties, à une perfection que la main de l'artiste ne saurait dépasser.

Si la sculpture est considérée dans l'emploi des substances malléables ou molles par lesquelles on peut reproduire les formes au moyen d'un travail d'outil, on la voit exécutée en matières variées par le tour à portraits habilement modifié par M. Collas, ou le pantographe non moins habilement manié par M. Sauvage.

Il semble, après tous ces moyens si divers, qu'il reste peu de place pour qu'un procédé entièrement différent s'établisse et vienne, lui aussi, offrir des productions d'un mérite réel.

C'est ce que réalise le procédé qui consiste dans la compression du bois suivant la direction de ses fibres, c'est-à-dire à bois debout. La compression perpendiculaire à la direction des fibres avait déjà été employée sur des bois mous et sur des ouvrages appartenant à la marqueterie ; les reliefs obtenus ainsi ne pouvaient avoir qu'une faible saillie et avaient l'inconvénient de ne pouvoir résister aux effets de l'humidité qui les faisaient disparaître presque entièrement.

Ces produits n'ont donc que peu de rapports avec ceux qui nous occupent en ce moment et dont nous allons indiquer les conditions caractéristiques.

Les reliefs obtenus peuvent arriver à toutes les saillies que comporte la sculpture en bas-relief.

Par ce procédé se trouvent reproduits tout le fini et toute la délicatesse du travail que l'artiste a su donner à la matrice qui opère la compression.

Le bois qu'on pourrait croire altéré dans la cohésion de ses fibres n'en conserve pas moins une résistance complétement suffisante pour cette destination, ainsi que cela résulte de l'examen de baguettes d'oves et autres ornements ne présentant entre eux que peu de liaison.

L'humidité, dont on pouvait craindre des effets de déformation à l'égard de ces produits, ne leur fait éprouver aucune altération ; et c'est ce qui résulte d'une expérience qui a consisté à maintenir immergée, pendant vingt-quatre heures, une portion d'une baguette d'ornement, sans que la partie ainsi éprouvée ait présenté de différence avec les autres.

Si l'idée fondamentale de ce procédé consiste dans la compression des bois debout, il ne faut pas perdre de vue que cette action seule ne serait pas suffisante pour donner des produits assez économiques et assez résistants : il y a donc une ébauche superficielle faite à main d'homme et dont les indications sont naturellement fournies par le moule même qui doit parfaire le travail.

Ce nouveau procédé de sculpture en bois comporte donc à la fois économie dans le travail et perfection dans les produits.

GRAVURE SUR BOIS PAR LE FEU.

Ce procédé intéressant est basé sur un moyen parfaitement simple dont l'application a été faite dès les temps les plus anciens, par les hommes à l'état sauvage, c'est-à-dire l'emploi du feu pour donner au bois un relief déterminé ; mais on est parvenu à en faire une opération industrielle ingénieuse, facile et propre à devenir la base d'une grande fabrication. Voici en quoi consiste le procédé.

On vient de dire que la matière ou le bois à

enlever, pour donner le relief exigé, était brûlé, c'est-à-dire converti en charbon. Cet effet est dû à l'application, avec l'aide d'une forte pression, d'un moule en fonte de fer chauffé jusqu'au rouge; le moule ne transmet pas immédiatement sa forme au bois, mais la produit par l'interposition d'une couche de charbon. Cette couche ne doit pas avoir plus de 2 à 3 millimètres d'épaisseur, ainsi qu'il va être expliqué, et plus elle est mince, plus la sculpture a de netteté.

Pour obtenir cette netteté, il faut que la couche charbonnée soit limitée de la manière la plus exacte possible et qu'il n'y ait entre le moule et la forme produite que du charbon friable et pouvant se détacher facilement par l'action d'une brosse. La forme perdrait beaucoup de sa netteté et le procédé de sa certitude s'il se trouvait entre la portion réduite complétement en charbon et le bois inférieur, une couche de bois à l'état de charbon roux, c'est-à-dire carbonisé à différents degrés et cédant irrégulièrement à l'effet de la brosse. Pour obtenir ce résultat indispensable et limiter l'action comburante du moule chauffé au rouge, on immerge le bois à travailler dans l'eau jusqu'à ce qu'il soit entièrement saturé avec le liquide. Cette eau, sous l'action du moule, se convertit en vapeur et oblige de n'employer qu'une pression intermittente pour faciliter l'écoulement de la vapeur produite. Si cette pression était continue, la vapeur pourrait se trouver assez comprimée en certains points pour que son expansion détachât quelques parcelles de bois et pour compromettre la perfection du résultat.

L'action du moule sur le bois ne dure que 20 secondes environ ; elle s'exécute simplement par l'emploi d'un levier qui quintuple le poids de l'ouvrier qui s'assied dessus et se donne un mouvement vertical répété. Au bout de ces 20 secondes le bois est retiré de la presse et jeté dans l'eau pour arrêter, d'une part, la combustion de la portion charbonnée et, de l'autre, pour faciliter son enlèvement sous l'action de la brosse. Ces opérations, étant réitérées autant de fois que l'exige la profondeur du moule, donnent un relief qui reproduit avec une admirable fidélité tous les détails du modèle primitif.

Une chose à faire remarquer, c'est que l'imbibition du bois par l'eau étant une des conditions du procédé, plus les bois sont spongieux, et plus l'opération devient facile. Par conséquent les bois les plus communs sont les plus propres à être convertis en objets sculptés. Cette transformation n'affecte pas seulement leur forme, elle a, de plus, une influence favorable sur leur dureté, qui s'en trouve très-sensiblement augmentée. Les sculptures ainsi obtenues sur du bois de peuplier et de marronnier acquièrent beaucoup de ressemblance avec celles faites sur du vieux noyer et sont d'un effet très-agréable.

Dans les nombreux produits de cette invention, on trouve toutes les qualités qui constituent la bonne sculpture : les formes sont accusées avec fermeté, souplesse, légèreté et délicatesse, suivant le sentiment de l'artiste qui en a créé le premier modèle.

Cette industrie produit des bas-reliefs d'une saillie et d'une dimension parfaitement en rapport avec l'une de ses destinations, la décoration des édifices publics et des habitations particulières. Quant aux objets d'une moindre importance, destinés à la décoration de petits meubles, il ne reste plus aucun doute que la simplicité et l'économie de ce procédé n'en popularisent l'emploi de la manière la plus étendue.

SCULPTURE ET GRAVURE DES PLANCHES
SUR ÉTOFFES.

On sait que l'impression sur étoffes s'obtient au moyen de *clichés* sur lesquels on applique l'étoffe, après les avoir recouverts d'une couche de couleur appropriée au dessin ou à l'ensemble du dessin auquel elle est appelée à concourir.

Ces clichés consistaient autrefois en une planche de bois *gravée en relief*, c'est-à-dire à fond levé ; le dessin était d'abord tracé sur la planche, il était ensuite frappé droit avec des outils qui avaient le pas voulu, puis on enlevait, au moyen de fermoirs, les parties du dessin correspondantes à celles de l'étoffe qui ne devaient pas recevoir la couleur.

La facilité avec laquelle le bois se détériorait à l'impression, fit naître l'idée de couler dans un cliché un métal fusible à une très-faible température, qui reproduisait le creux dans lequel on coulait un métal plus dur et qui donnait un nouveau cliché beaucoup moins altérable que le premier. Mais la main-d'œuvre du cliché en bois était toujours très-lente et très-onéreuse. Après divers succès, on arriva à découvrir un système de sculpture aussi expéditif que simple et ingénieux, qu'on appelle le *cliché au gaz*. Voici en quoi il consiste :

Un outil tranchant, sorte de burin d'acier, dont la forme répond à un détail du dessin voulu, sort et rentre alternativement d'un porte-outil suspendu à une espèce de potence en fer au moyen d'une mortaise à pédale. L'ouvrier prend le bois sur lequel a été tracé le dessin que l'on veut exécuter et l'approche du burin qui, à sa sortie du porte-outil, rencontre deux jets de gaz convergents sur la lame, s'échauffe assez pour pénétrer facilement dans le bois en le brûlant et produit ainsi un creux dont les contours ont une netteté et une régularité admirables; la pédale fait remonter la lame dans le porte-outil, l'ouvrier conduit son bois à la main, le présente à la lame qui s'enfonce de nouveau dans le bois, et le travail continue ainsi avec une extrême rapidité, une exécution parfaite, et répond d'une manière admirable aux conditions qu'exigent la variété infinie, la délicatesse et le délié de certains dessins.

Le bois soumis au travail du cliché au gaz est du tilleul de choix, qui reçoit ordinairement une préparation qui consiste dans une mise au four conduite avec les plus grands soins, afin d'empêcher le fendillement sous l'action de l'outil brûleur et de la flamme de gaz. Les parties du bois qui doivent être creuses sont ensuite enlevées à la main, et le plus souvent avec des tours semblables à ceux qui servent au guillochage des métaux.

PROCÉDÉ POUR FAIRE DES RELIEFS SUR LE BOIS.

Cette méthode de travailler le bois en relief est fondée sur ce fait, que si l'on creuse la surface du bois avec un outil sans tranchant, la partie ainsi déprimée reprendra son premier niveau lorsqu'on la plongera dans l'eau.

Pour mettre cette propriété à profit pour le moulage, on confie d'abord au menuisier le bois dont on doit se servir, on lui fait donner la forme convenable qui le prépare à recevoir le dessin qu'on veut y imprimer. Après avoir déterminé la place où il doit être, on y applique un instrument sans tranchant, une espèce de refouloir ou d'ébauchoir en acier qu'on enfonce à coups de marteau jusqu'à une certaine profondeur.

Cet instrument, tel que les emporte-pièces, doit recevoir à son extrémité la forme du dessin que l'on veut obtenir, de manière qu'en l'enfonçant il produise en creux ce que plus tard on veut reproduire en relief.

Cette opération doit être faite avec beaucoup de ménagement; il faut beaucoup de précautions pour ne pas rompre les fibres du bois avant que la profondeur de la dépression soit égale à la hauteur que l'on veut donner au relief des figures. Puis on retire l'instrument, et, à l'aide du rabot ou de la râpe, on réduit la surface du bois au niveau des parties déprimées. On plonge ensuite la pièce de bois dans de l'eau froide ou chaude ; les parties qui avaient été comprimées reprennent leur premier niveau, et forment ainsi un relevé en bosse qu'on peut aisément terminer à l'aide d'un ciseau, d'un ébauchoir ou d'un petit fermoi Si la pièce de bois était trop grande, on pourrait se dispenser de la plonger dans l'eau, et se contenter de la frotter à plusieurs reprises avec une éponge imbibée d'eau chaude, ce qui produirait un effet suffisant.

PROCÉDÉ POUR OBTENIR DES PLAQUES DE BOIS ESTAMPÉES.

On a vu que l'on refoule quelquefois le bois entre deux matrices pour obtenir des empreintes au moyen d'une très-forte pression.

Ce système oblige de faire usage de bois massif dont les fils ne peuvent avoir une direction constante, car les fibres se rompent par suite de cette pression, ce qui produit de très-grands défauts à la représentation des reliefs, aussi ne peut-on employer pour plusieurs essences que les loupes des bois.

D'un autre côté, ce système de moulage exige qu'on chauffe le moule à une assez haute température, et jusqu'à ce que, faisant tomber dessus une ou deux gouttes d'eau, celles-ci s'évaporent rapidement en pétillant.

Cette obligation fait que très-souvent les bois se carbonisent ou qu'il prennent au moins une couleur brune, et qu'on ne peut dès lors faire usage des bois résineux, parce que la résine ou huile essentielle qui s'y trouve renfermée entre en ébullition pendant l'opération du moulage, ce qui donne lieu à des soufflures, lesquelles, venant à crever, forment des taches sur la pièce.

Tous ces différents inconvénients rendait défectueux ce mode d'empreinte et on les évite complétement par un procédé assez original.

Ce procédé consiste à faire usage de copeaux que l'on obtient avec le rabot, la varlope ou avec tout autre instrument.

Ces copeaux sont enlevés d'un morceau de bois ayant telles dimensions que l'on voudra, dans le sens de la longueur des fibres, puis ils sont placés à plat sur le creux du moule, en ayant soin de couvrir de colle-forte la face opposée qui est la moins unie ; car l'on sait que dans un copeau, l'une des faces, celle qui a reçu le frottement du fer et du bois de l'outil, est unie, tandis que l'autre est un peu rude ; c'est celle-ci qui est couverte de colle-forte, tandis que l'autre est seulement mouillée et s'applique contre la face du moule creux.

Un premier copeau étant placé, on en prend un second, préparé comme le premier, que l'on place sur celui-ci, croisant légèrement de manière à ne point laisser de vide ; puis un troisième, un quatrième, et ainsi de suite, préparés toujours de la même manière, jusqu'à ce que la surface du moule soit complétement recouverte.

Afin de lier tous ces copeaux, on couvre les

premiers par d'autres placés en travers; on les colle de la même manière et en prenant les mêmes précautions.

Dans le cas où un copeau aurait un défaut dans sa longueur, cela n'est point un motif pour ne pas l'utiliser. On place sur la partie défectueuse un morceau de bois que l'on colle, et on peut toujours ainsi employer tous les copeaux que l'on aurait obtenus d'un morceau de bois, quelle que soit leur irrégularité.

Au lieu de se servir de colle-forte trempée seulement dans l'eau, on peut la faire fondre dans de l'huile de lin, comme cela se fait pour les objets qui doivent être préservés de l'humidité, comme, par exemple, pour les lambris ou autres objets de menuiserie qui seraient dans ce cas.

En raison de l'élasticité et de la souplesse que l'on obtient par la disposition de ces copeaux, pour former les plaques de bois, il n'est plus nécessaire de chauffer beaucoup la matrice, on n'a besoin que de lui donner la température correspondante à celle qui se donne ordinairement au bois pour le collage de deux morceaux, ce qui présente le grand avantage de conserver au bois toute sa fraîcheur.

MOULAGE DE LA SCIURE DE BOIS
(stuc ligneux et bois coulé).

Les premiers essais de cet ingénieux procédé remontent à la fin du siècle précédent. On était alors dans l'usage de couronner les glaces d'appartement de sculptures représentant ordinairement des trophées et attributs divers; le prix toujours croissant de la sculpture sur bois fit la fortune des inventeurs par les conditions favorables auxquelles il leur était possible de livrer leurs produits et surtout par la perfection de l'ouvrage.

Ce procédé, d'abord compliqué, a été depuis bien simplifié, et l'exécution est arrivée à un tel degré, qu'il faut beaucoup d'attention pour reconnaître que ces sortes d'ornements sont moulés, il faut souvent même être prévenu à l'avance. On peut les dorer à l'ordinaire, l'or y prend bien et la dorure en est très-solide.

On précipite une solution de 1 kilogramme et demi de colle-forte par une décoction de 1 kilog. 125 de noix de galle; ce mélange est fait à froid. Le précipité, séparé de la liqueur, présente une matière jaune et tirant sur le fauve, brunissant à l'air et exhalant une odeur de lessive. Cette substance se dissout en partie dans l'eau chaude quand le précipité est récent; mêlée avec un tiers environ de poussière de bois, elle conserve assez de ductilité pour recevoir et garder l'empreinte des moules.

Les bois en poudre, tels que le buis, l'acajou, le bois de gaïac, de poirier, se mêlent très-bien à la gélatine tannée et se prêtent aux moulures; mais quand les pièces n'ont pas une certaine épaisseur, elles se gauchissent et sont cassantes.

Le sumac peut remplacer la noix de galle; le saule blanc et la racine de benoîte (geum urbonum) sont employés avec succès pour le même objet.

On peut mouler par ce procédé toute espèce de statues de toutes grandeurs; on peut aussi mouler des meubles en employant des pâtes de bois de différentes couleurs. Ce moulage supporte très-bien l'humidité et le froid sans en être altéré. .

Le Similibois.

Le grand inconvénient du procédé que nous venons d'indiquer est la fabrication des moules qui en rend les prix bien au-dessus de ce qu'ils pourraient être, quelque grande que soit l'économie ainsi réalisée et quelque parfaite que soit l'imitation comme substance.

Il suffit, pour se convaincre de cette raison, de jeter les yeux sur l'excellent *Manuel du Mouleur en plâtre, carton, cire, etc.*, de *l'Encyclopédie-Roret.*

Si l'on parvient à trouver une substance telle que, en l'appliquant au pinceau sur un relief quelconque, elle y prenne une consistance suffisante et qu'elle conserve une élasticité telle qu'on puisse l'enlever tout d'une pièce, quelles que soient les saillies qui la retiennent; qu'une fois extraite ainsi elle reprenne la forme et qu'elle acquière alors une grande dureté, on aura ainsi un moule très-exact, très-proprement fait, qui n'exigera pas le travail long et minutieux du moule ordinaire. Si cette matière a la propriété d'élasticité et de durcissement nécessaire à la fabrication des moules, on aura résolu ce grand problème de l'économie si précieux dans l'industrie.

Telle est la composition connue sous le nom de *similibois*, dont voici les substances :

Sciure de bois. 1/3
Phosphate de chaux. 1/3
Matières résineuses ou gélatineuses. 1/3

Le moulage s'opère de la manière suivante :

Supposons qu'on ait à reproduire un panneau sculpté de 30 à 40 centimètres. Pour obtenir le creux, on enduira le modèle au pinceau avec un composé qui entre pour le tiers dans la fabrication du similibois. Deux couches suffiront pour obtenir un moule offrant une fidélité et une netteté de détails très-satisfaisantes.

Cette opération demande une heure. Cela fait, on livre le moule à un ouvrier qui étend au pinceau, dans le creux, une double couche de matière complète.

Au bout d'une demi-heure environ, on peut retirer cette première épreuve.

———

Tous ces ingénieux procédés sont traités avec les plus grands détails dans le *Manuel du Mouleur en plâtre, carton, cire,* etc., de l'*Encyclopédie-Roret.*

FIN.

TROISIÈME PARTIE. — Sculpture sur bois
PAR DES PROCÉDÉS MÉCANIQUES.

FIN DE LA TABLE DES MATIÈRES.

BAR-SUR-SEINE. — IMP. SAILLARD.

Novembre 1881.

Ce Catalogue annule les précédents.

LIBRAIRIE ENCYCLOPÉDIQUE

DE

RORET

RUE HAUTEFEUILLE, 12

AU COIN DE LA RUE SERPENTE

PARIS

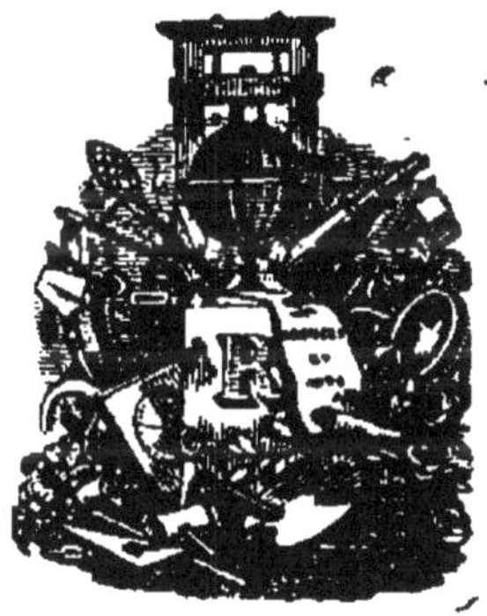

(Voir ci-contre la division du Catalogue).

ENCYCLOPÉDIE-RORET

COLLECTION

DES

MANUELS-RORET

FORMANT UNE

ENCYCLOPÉDIE DES SCIENCES ET DES ARTS

FORMAT IN-18;

PAR UNE RÉUNION DE SAVANTS ET DE PRATICIENS,

Tous les Traités se vendent séparément.

La plupart des volumes, de 300 à 400 pages, renferment des planches parfaitement dessinées et gravées, et des vignettes intercalées dans le texte.

Les Manuels épuisés sont revus avec soin et mis au niveau de la science à chaque édition. Aucun Manuel n'est cliché, afin de permettre d'y introduire les modifications et les additions indispensables.

Cette mesure, qui met l'Éditeur dans la nécessité de renouveler à chaque édition les frais de composition typographique, doit empêcher le Public de comparer le prix des *Manuels-Roret* avec celui des autres ouvrages, tirés sur cliché à chaque édition, et ne bénéficiant d'aucune amélioration.

Pour recevoir chaque volume franc de port, on joindra, à la lettre de demande, un mandat sur la poste (de préférence aux timbres-poste) équivalent au prix porté au Catalogue.

Cette franchise de port ne concerne que la **Collection des Manuels-Roret** (pages 3 à 29), et la **Bibliothèque des Arts et Métiers** (page 30). Elle n'est applicable qu'à la France et à l'Algérie. Les volumes expédiés dans les pays qui ne font pas partie de l'Union des Postes, seront grevés des frais de poste établis d'après les conventions internationales.

Manuel pour gouverner les Abeilles et en retirer profit, par MM. RADOUAN et MALEPEYRE. 2 vol. 6 fr.

— **Accordeur de Pianos,** mis à la portée de tout le monde, par M. GIORGIO ARMELLINO. 1 vol. 1 fr. 25

— **Acide oléique, Acides gras concrets,** voyez *Bougies stéariques, Huiles.*

— **Actes sous signatures privées** en matières civiles, commerciales, criminelles, etc., par M. BIRET, ancien magistrat. 1 vol. 2 fr. 50

— **Aérostation,** ou Guide pour servir à l'histoire ainsi qu'à la pratique des *Ballons,* par M. DUPUIS-DELCOURT. 1 vol. orné de figures. 3 fr.

— **Agents-Voyers.** V. *Ponts et Chaussées,* 1re *partie.*

— **Agriculture Elémentaire,** à l'usage des écoles primaires et des écoles d'agriculture, par M. V. RENDU. (*Ouvrage autorisé par l'Université.*) 1 vol. 1 fr. 25

— **Alcools,** voyez *Distillation, Liquides, Négociant en eaux-de-vie.*

— **Alcoométrie,** contenant la description des appareils et des méthodes alcoométriques, des Tables de Mouillage et de Remontage, et des indications pour la vente des alcools au poids, par M. F. MALEPEYRE. 1 vol. 1 fr. 25

— **Algèbre,** ou Exposition élémentaire des principes de cette science, par M. TERQUEM. (*Ouvrage approuvé par l'Université.*) 1 gros vol. 3 fr. 50

— **Alliages métalliques,** par M. HERVÉ, officier supérieur d'artillerie, ancien élève de l'Ecole polytechnique. Ouvrage *approuvé par le Comité d'artillerie.* 1 vol. 3 fr. 50

— **Allumettes,** voyez *Briquets.*

— **Amidonnier** et **Vermicellier,** par MM. MORIN et F. MALEPEYRE. 1 vol. avec figures. 3 fr.

— **Amorces fulminantes,** V. *Artificier,* 1re *partie.*

— **Anatomie comparée,** par MM. de SIEBOLD et STANNIUS; trad. de l'allemand par MM. SPRING et LACORDAIRE, professeurs à l'Université de Liége. 3 gros vol. 10 fr. 50

— **Aniline (Couleurs d'), d'Acide phénique et de Naphtaline,** comprenant : l'étude des Houilles, la distillation des Goudrons, la préparation des Benzines, Nitrobenzines, Anilines, de l'Acide phénique, de la Naphtaline et de leurs dérivés, ainsi que leur Emploi en Teinture, par M. Th. CHATEAU. 2 forts volumes, avec vignettes. 7 fr.

— **Animaux domestiques** (ELEVAGE DES), Voyez *Habitants de la Campagne.*

— **Animaux nuisibles** (Destructeur des).
1re *partie,* contenant les animaux nuisibles à l'agriculture, au jardinage, etc., par M. VÉRARDI. 1 vol. orné de pl. 3 fr.

— 4 —

9e partie, contenant les Hylophthires et leurs ennemis, ou Description et Iconographie des Insectes les plus nuisibles aux forêts, avec une méthode pour apprendre à les détruire et à ménager ceux qui leur font la guerre, à l'usage des forestiers, des jardiniers, etc., par MM. RATZEBURG, DE CORREON et BOISDUVAL. 1 vol. orné de 8 planches. 2 fr. 50

— Aquarelle, voyez *Peinture à l'Aquarelle*.

— Arbres fruitiers (Taille des), contenant les notions indispensables de Physiologie végétale; un Précis raisonné de la multiplication, de la plantation et de la culture; les vrais principes de la taille et leur application aux formes diverses que reçoivent les arbres fruitiers, par M. L. DE BAVAY. 1 vol. orné de figures. 3 fr.

— Archéologie, par M. NICARD. 3 vol. avec Atlas. Prix des 3 volumes : 10 fr. 50; de l'Atlas séparé : 12 fr. L'ouvrage complet: 22 fr. 50

— Architecte des Jardins, ou l'Art de les composer et de les décorer, par M. BOITARD. 1 vol. avec Atlas de 140 planches. 15 fr.

— Architecte des Monuments religieux, ou Traité d'Archéologie pratique, applicable à la restauration et à la construction des Eglises, par M. SCHMIT. 1 gros vol. avec Atlas contenant 21 planches. 7 fr.

— Architecture, ou Traité de l'Art de bâtir. (*En préparation.*)

— Arithmétique démontrée, par MM. COLLIN et TRÉMERY. 1 vol. 2 fr. 50

— Arithmétique complémentaire, ou Recueil de Problèmes nouveaux, par M. TRÉMERY. 1 vol. 1 fr. 75

— Armurier, Fourbisseur et Arquebusier, traitant de la fabrication des Armes à feu et des Armes blanches, par M. PAULIN DÉSORMEAUX. 2 vol. avec planches. 6 fr.

— Arpentage, ou Instruction élémentaire sur cet art et sur celui de lever les plans, par M. LACROIX, de l'Institut, MM. HOGARD, géomètre, et VASSEROT, avocat. 1 vol. avec figures. (*Autorisé par l'Université.*) 2 fr. 50

On vend séparément les MODÈLES DE TOPOGRAPHIE, par CHARTIER. 1 planche coloriée. 1 fr.

— Art militaire, ou Instructions pratiques à l'usage de toutes les armes de terre, par M. VERGNAUD, colonel d'artillerie. 1 volume avec figures. 3 fr.

— Artificier. *Première partie*, PYROTECHNIE MILITAIRE, contenant la préparation et le chargement des Projectiles, des Artifices et des Combinaisons fulminantes, l'Art du Poudrier et du Salpêtrier, et la fabrication des Poudres de guerre et de chasse, par M. A.-D. VERGNAUD, colonel d'artillerie et M. P. VERGNAUD, lieutenant-colonel. 1 gros vol. orné de figures et de planches. 3 fr. 50

— *Deuxième partie*, PYROTECHNIE CIVILE, contenant l'art de confectionner et de tirer les Feux d'artifice, par les mêmes auteurs, 1 vol. avec planche et vignettes. 2 fr.

— **Asphaltes et Bitumes**, voyez *Chaufournier*.

— **Aspirants** aux fonctions de Notaires, Greffiers, Avocats à la Cour de Cassation, Avoués, Huissiers, et Commissaires-Priseurs, par M. COMBES. 1 vol. 3 fr. 50

— **Assolements, Jachère et Succession des Cultures**, par M. Victor YVART, de l'Institut, avec des notes par M. Victor RENDU, inspecteur de l'agriculture. 3 vol. 10 fr. 50

— **Astronomie**, ou Traité élémentaire de cette science, trad. de l'anglais de W. HERSCHEL, par M. A.-D. VERGNAUD. 1 vol. orné de planches. 3 fr. 50

— **Astronomie amusante**, traduit de l'anglais, par A. D. VERGNAUD. 1 vol. avec figures. 2 fr. 50

— **Avocats**, voyez *Aspirants* aux fonctions d'avocats à a Cour de Cassation.

— **Avoués**, voyez *Aspirants* aux fonctions d'Avoués.

— **Ballons**, voyez *Aérostation*.

— **Bibliographie universelle**, par MM. F. DENIS, P. PINÇON et DE MARTONNE. 3 gros vols. à 2 colonnes. 20 fr.

— **Bibliothéconomie**, Arrangement, Conservation et Administration des Bibliothèques, par L.-A. CONSTANTIN. 1 vol. orné de figures. 3 fr.

— **Bijoutier**, Joaillier, Orfèvre, Graveur sur métaux et Changeur, par M. JULIA DE FONTENELLE. 2 v. avec fig. 7 fr.

— **Biographie**, ou Dictionnaire historique abrégé des grands hommes, par M. NOEL, ancien inspecteur-général des études. 2 volumes. 6 fr.

— **Blanchiment et Blanchissage**, Nettoyage et Dégraissage des fils de lin, coton, laine, soie, etc., par MM. J. DE FONTENELLE et ROUGET DE LISLE. 2 vol. avec fig. 6 fr.

— **Bleus et Carmins d'Indigo** (Fabricant de), par M. Félicien CAPRON, de Dôle. 1 volume. 1 fr. 50

— **Boissons économiques**, voyez *Vins de Fruits*.

— **Boissons gazeuses**, voyez *Eaux Gazeuses*.

— **Bois**. Exploitation, cubage, conversion et réduction des Bois. (*En préparation*.)

— **Bonnetier et Fabricant de bas**, par MM. LEBLANC et PREAUX-CALTOT. 1 vol. avec figures. 3 fr.

— **Botanique**, Partie élémentaire, par M. BOITARD. 1 vol. avec planches. 3 fr. 50

ATLAS DE BOTANIQUE pour la partie élémentaire. 1 vol. in-8 renfermant 36 planches. **6 fr.**

— **Botanique**, 2ᵉ partie, FLORE FRANÇAISE, ou Description synoptique des plantes qui croissent naturellement sur le sol français, par M. BOISDUVAL. 3 gros vol. **10 fr. 50**

ATLAS DE BOTANIQUE, composé de 120 planches, représentant la plupart des plantes décrites dans l'ouvrage ci-dessus. Figures noires, 9 fr; fig. coloriées. **18 fr.**

— **Bottier et Cordonnier.** (*En préparation.*)

— **Boucher,** voyez *Charcutier.*

TABLEAU FIGURATIF DES MANIEMENTS ET DES COUPES DES ANIMAUX DE BOUCHERIE, in-plano. **25 c.**

TABLEAU FIGURATIF DES DIVERSES QUALITÉS DE LA VIANDE DE BOUCHERIE, in-plano colorié. **1 fr.**

— **Boucherie Taxée,** ou Code des Vendeurs et des Acheteurs de Viande, suivi d'un Barême pour l'application du prix à la pesée, par un MAGISTRAT. 1 vol. **1 fr. 50**

— **Bougies stéariques et Bougies de paraffine,** traitant de la fabrication des Acides gras concrets, de l'Acide oléique, de la Glycérine, etc., par M. F. MALEPEYRE. 2 vol. accompagnés de planches. **7 fr.**

— **Boulanger,** ou Traité de la Panification française et étrangère, contenant les moyens de reconnaître la sophistication des farines, par MM. J. DE FONTENELLE et F. MALEPEYRE. 2 vol. accompagnés de planches. **6 fr.**

— **Bourrelier et Sellier,** par M. LEBRUN. 1 vol. orné de figures. **3 fr.**

— **Bourse et ses Spéculations** mises à la portée de tout le monde, par M. BOYARD. 1 vol. **2 fr. 50**

— **Bouvier.** (*En préparation.*)

— **Brasseur,** ou l'Art de faire toutes sortes de Bières françaises et étrangères, par M. F. MALEPEYRE. 2 gros volumes accompagnés de 11 planches. **7 fr.**

— **Briquetier, Tuilier,** Fabricant de Carreaux et de tuyaux de Drainage, contenant les procédés de fabrication, la description d'un grand nombre de Machines et de Fours usités dans ces industries, par M. F. MALEPEYRE. 2 vol. ornés de figures. **6 fr.**

— **Briquets, Allumettes chimiques,** soufrées, phosphorées, amorphes, etc., *Briquets électriques, Lumière électrique* et appareils qui la produisent, par MM. W. MAIGNE et A. BRANDELY. 1 vol. orné de figures. **3 fr.**

— **Broderie,** ou Traité complet de cet Art, par Mᵐᵉ CELNART. 1 vol. avec un Atlas de 40 planches. **7 fr.**

— **Bronzage des Métaux et du Plâtre**, traitant des Enduits et des Peintures métalliques, de la Peinture et du Vernissage des Métaux et du Bois, par MM. Debonliez, Fink et Malepeyre. 1 vol. orné de fig. 2 fr. 50

— **Cadres** (Fabricant de), Passe-Partout, Châssis, Encadrements, par M. de Saint-Victor. 1 vol. avec fig. 1 fr. 50

— **Calculateur**, ou Comptes-Faits utiles aux opérations industrielles, aux comptes d'inventaire, etc., par M. Aug. Terrière. 1 gros vol. 3 fr. 50

— **Calendrier** (Théorie du) et Collection de tous les calendriers des années passées, présentes et futures, par M. Francœur, professeur à la Faculté des sciences. 1 vol. 3 fr.

— **Calligraphie**, ou l'Art d'écrire en peu de leçons, d'après la méthode de Carstairs. 1 Atlas in-8 obl. 1 fr.

— **Canotier**, ou Traité universel et raisonné de cet Art, par un Loup d'eau douce; vol. orné de fig. 1 fr. 75

— **Caoutchouc, Gutta-percha, Gomme factice**, Tissus imperméables, Toiles cirées et gommées, par M. Maigne. 2 vols. accompagnés de planches. 5 fr.

— **Capitaliste**, contenant la pratique de l'escompte et des comptes-courants, d'après la méthode nouvelle, par M. Terrière, employé à la trésorerie générale de la couronne. 1 gros vol. 3 fr. 50

— **Carrier**, voyez *Chaufournier*.

— **Cartes Géographiques** (Construction et Dessin des), par M. Perrot. 1 vol. orné de planches. 2 fr. 50

— **Cartonnier**, Cartier et Fabricant de Cartonnage, par M. Lebrun. 1 vol. orné de figures. 3 fr.

— **Caves et Celliers** (Garçons de), **Maîtres de Chais**, voyez *Vins (Calendrier des)*.

— **Chamoiseur, Maroquinier, Mégissier, Teinturier en peaux, Fabricant de Cuirs vernis, Parcheminier et Gantier**, traitant de l'outillage nouveau et des procédés les plus récents et les plus en usage dans ces diverses industries, par MM. Julia-Fontenelle et W. Maigne. 1 vol. orné de figures. 3 fr. 50

— **Chandelier et Cirier**, contenant toutes les opérations usitées dans ces industries, par MM. Séb. Lenormand et F. Malepeyre. 2 vol. accompagnés de planches. 6 fr.

— **Chapeaux** (Fabricant de), par MM. Cluz, F. et Julia de Fontenelle. 1 vol. orné de planches. 3 fr.

— **Charcutier, Boucher et Equarrisseur**, contenant l'Art de préparer et de conserver les différentes parties du Porc, les maniements et le Dépeçage du Bœuf, de la Vache, du Taureau, du Veau, du Mouton, du Porc et du

Cheval, et traitant de l'utilisation des débris, par MM. Lebrun et W. Maigne. 1 vol. accompagné de planches. 3 fr.

On vend séparément :

Tableau des qualités de viande, in-plano col. 1 fr.
Tableau des maniements et des coupes, in-plano. 25 c.

— **Charpentier,** ou Traité complet et simplifié de cet Art, par MM. Hanus, Biston, Boutereau et Gauché. 2 vol. accompagnés d'un Atlas de 22 planches. 7 fr.

— **Charron et Carrossier,** ou l'Art de fabriquer toutes sortes de Voitures. (*En préparation.*)

— **Chasselas,** sa culture à Fontainebleau, par un Vigneron des environs. 1 vol. avec figures. 1 fr. 75

— **Chasseur,** ou Traité général de toutes les chasses à courre et à tir, par MM. de Mersan, Boyard et Robert. 1 vol. contenant la musique des principales fanfares. 3 fr.

— **Chaudronnier et Tôlier,** contenant l'Art de travailler au marteau le cuivre, la tôle et le fer-blanc, ainsi que les travaux d'Estampage et d'Etampage, par MM. Jullien, Valério et Casalonga, ingénieurs civils. 1 vol. et 1 Atlas in-18 de 20 planches. 5 fr.

— **Chaufournier, Plâtrier, Carrier et Bitumier,** contenant l'exploitation des Carrières et la fabrication du Plâtre, des différentes Chaux, des Ciments, Mortiers, Bétons, Bitumes, Asphaltes, etc., par MM. D. Magnier et A. Romain. 1 vol. accompagné de planches. 3 fr. 50

— **Chemins de Fer,** contenant des Études comparatives sur les divers systèmes de la voie et du matériel, le Formulaire des charges et conditions pour l'établissement des travaux, etc., par M. E. With. 2 vol. avec atlas. 7 fr.

— **Cheval** (Education et dressage du), monté et attelé, traitant de son hygiène et des remèdes qui lui conviennent, par M. le Comte de Montigny. 1 vol. accompagné de planches. 3 fr.

— **Chimie Agricole,** par MM. Davy et Vergnaud. 1 vol. orné de figures. 3 fr. 50

— **Chimie analytique,** contenant des notions sur les manipulations chimiques, les éléments d'analyse inorganique qualitative et quantitative, et des principes de chimie organique, par MM. Will, F. Vœhler, J. Liebig et Malepeyre. 2 vol. ornés de planches et de tableaux 5 fr.

— **Chimie appliquée,** Voyez *Produits chimiques.*

— **Chimie Inorganique et Organique** par M. Vergnaud. 1 gros vol. orné de figures. 3 fr. 50

— **Chirurgie,** voyez *Médecine, Instruments de chirurgie.*

— **Chocolatier,** voyez *Confiseur.*

— **Cidre et Poiré** (Fabricant de), indiquant les moyens d'imiter, avec le suc de pomme ou de poire, le Vin de raisin, l'Eau-de-Vie et le Vinaigre de vin, par M. Dubief. 1 vol. orné de figures.   2 fr. 50

— **Cirage,** voyez *Encres.*

— **Cire à cacheter** (Fabrication de la), voyez *Papetier-régleur, Papiers de Fantaisie.*

— **Ciseleur,** contenant la description des procédés de l'Art de ciseler et repousser tous les métaux ductiles, bijouterie, orfèvrerie, armures, bronzes, etc., par M. Jean Garnier, ciseleur-sculpteur. 1 vol. orné de figures.   3 fr.

— **Coiffeur,** contenant l'Art de se coiffer soi-même, par M. Villaret. 1 vol. orné de figures.   2 fr. 50

— **Colles** (Fabrication de toutes sortes de), comprenant celles de matières végétales, animales et composées, par M. Malepeyre. 1 vol. orné de planches.   2 fr. 50

— **Coloriste,** contenant le mélange et l'emploi des Couleurs, ainsi que l'Enluminure, par MM. Perrot, Blanchard et Thillaye. 1 vol. orné de figures.   2 fr. 50

— **Commerce, Banque et Change,** contenant tout ce qui est relatif aux effets de Commerce, à la tenue des livres, à la comptabilité, à la bourse, aux emprunts, etc., par MM. Gallas et Pijon. 2 vol.   6 fr.

On vend séparément la Méthode nouvelle pour le calcul des intérêts a tous les taux. 1 vol. in-18.   1 fr. 50

— **Commissaires-Priseurs,** voyez *Aspirants* aux fonctions de Commissaires-Priseurs.

— **Compagnie** (Bonne), ou Guide de la Politesse et de la Bienséance, par madame Celnart. 1 vol.   1 fr. 75

— **Comptes-Faits,** voyez *Calculateur, Capitaliste, Poids et Mesures (Barême des).*

— **Confiseur et Chocolatier,** contenant les derniers perfectionnements apportés à ces Arts, par MM. Cardelli et Lionnet-Clémandot. 1 vol. orné de planches. 3 fr.

— **Conserves alimentaires,** contenant les procédés usités pour la conservation des Substances alimentaires, la composition de ces substances et le rôle qu'elles jouent dans l'alimentation, ainsi que les Falsifications qu'elles subissent, les moyens de les reconnaître, par M. W. Maigne. 1 vol.   3 fr. 50

— **Construction moderne** (La), ou Traité de l'Art de bâtir avec solidité, économie et durée, comprenant la Construction, l'histoire de l'Architecture et l'Ornementation des édifices, par M. Bataille, architecte, ancien professeur. 1 vol. et Atlas grand in-8 de 44 planches.   15 fr.

— **Constructions agricoles**, traitant des matériaux et de leur emploi dans les Constructions destinées au logement des Cultivateurs, des Animaux et des Produits agricoles dans les petites, les moyennes et les grandes exploitations, par M. G. HEUZÉ, inspecteur de l'agriculture. 1 vol. accompagné d'un Atlas de 16 pl. grand in-8°.   7 fr.

— **Contre-Poisons**, ou Traitement des Individus empoisonnés, asphyxiés, noyés ou mordus, par M. H. CHAUSSIER, D.-M. 1 vol.   2 fr. 50

— **Contributions Directes**, Guide des Contribuables et des Comptables de toutes classes, etc.; par M. BOITARD. 1 vol.   2 fr. 50

— **Cordier**, contenant la culture des Plantes textiles, l'extraction de la Filasse, et la fabrication de toutes sortes de cordes, par M. BOITARD. 1 vol. orné de fig.   2 fr. 50

— **Correspondance Commerciale**, contenant les Termes de commerce, les Modèles et Formules épistolaires et de comptabilité, etc., par MM. REES-LESTIENNE et THIÉBERY. 1 vol.   2 fr. 50

— **Corroyeur**, voyez *Tanneur*.

— **Coton et Papier-Poudre**, voyez *Artificier*.

— **Couleurs et Vernis** (Fabricant de), contenant tout ce qui a rapport à ces différents Arts, par MM. RIFFAULT, VERGNAUD, TOUSSAINT, MALEPEYRE et le docteur EM. WINCKLER. (*En préparation.*)

— **Couleurs vitrifiables et Emaux**, voyez *Peinture sur Verre, sur Porcelaine et sur Email*.

— **Coupe des Pierres**, par MM. TOUSSAINT et H. M.-M., architectes. 1 vol. avec Atlas.   5 fr.

— **Coutelier**, ou l'Art de faire tous les Ouvrages de Coutellerie, par M. LANDRIN, ingénieur civil. 1 vol.   3 fr. 50

— **Couvreur**, voyez *Plombier*.

— **Crustacés** (Hist. natur. des), par MM. Bosc et DESMAREST, etc. 2 vol. ornés de planches.   6 fr.
ATLAS POUR LES CRUSTACÉS, 18 pl. Fig. noires, 1 fr. 50 ; — fig. coloriées.   3 fr.

— **Cuirs vernis**, voyez *Chamoiseur*.

— **Cuisinier et Cuisinière**, à l'usage de la ville et de la campagne. 1 vol. avec fig. (*En préparation.*)

— **Cultivateur Forestier**, contenant l'Art de cultiver en forêts tous les Arbres indigènes et exotiques, par M. BOITARD. 2 vol.   5 fr.

— **Cultivateur Français**, ou l'Art de bien cultiver les Terres et d'en retirer un grand profit, par M. THIÉBAUT de BERNEAUD. 2 vol. ornés de figures.   5 fr.

— **Dames,** ou l'Art de l'Elégance, par madame Cel-
nart. 1 vol. 3 fr.

— **Danse,** ou Traité théorique et pratique de cet Art,
contenant toutes les *Danses de Société* et la Théorie de la
Danse théâtrale, par Blasis et Lemaitre. (*En préparation.*)

— **Décorateur-Ornementiste,** Graveur et Pein-
tre en Lettres, par M. Schmit. 1 vol. avec Atlas in-4 de
30 planches. 7 fr.

— **Dessin Linéaire,** par M. Allain, entrepreneur de
travaux publics. 1 vol. avec Atlas de 20 planches. 5 fr.

— **Dessinateur,** ou Traité complet du Dessin, par
M. Boutereau. 1 volume accompagné d'un Atlas de 20 plan-
ches, dont quelques-unes coloriées. 5 fr.

—**Distillateur-Liquoriste,** contenant les Formules
des Liqueurs les plus répandues, les parfums, substances co-
lorantes, etc., par MM. Lebeaud, Julia de Fontenelle et Ma-
lepeyre. 1 gros volume. 3 fr. 50

— **Distillation des Grains et des Mélasses,**
par M. F. Malepeyre. 1 vol. accompagné d'un Atlas de 8
planches in-8. 5 fr.

— **Distillation des Pommes de terre et des
Betteraves,** par MM. Hourier et Malepeyre. 1 vol.
accompagné de planches. 2 fr. 50

— **Distillation des Vins,** des Marcs, des Moûts,
des Fruits, des Cidres, etc., par M. F. Malepeyre. 1 vol.
orné de figures et accompagné de planches. 3 fr.

— **Domestiques,** ou l'art de former de bons servi-
teurs, par madame Celnart. 1 vol. 2 fr. 50

— **Dorure et Argenture sur Métaux,** au feu,
au trempé, à la feuille, au pinceau, au pouce et par la mé-
thode électro-métallurgique, traitant de l'application à
l'Horlogerie de la dorure et de l'argenture galvaniques, et
de la coloration des Métaux par les oxydes métalliques et
l'Electricité, par MM. Ol. Mathey et Maigne. 1 vol. orné de
figures. 3 fr.

— **Doreur et Argenteur,** Voy. *Peintre en bâtiments.*

— **Drainage simplifié,** mis à la portée des Cam-
pagnes, suivi de la législation relative au Drainage, par
M. De La Hodde. 1 petit vol. orné de fig. 90 c.

— **Draps** (Fabricant de), voyez *Tissus.*

— **Eaux et Boissons Gazeuses,** ou Description
des méthodes et des appareils les plus usités depuis l'ori-
gine de cette industrie, le bouchage des bouteilles et des
siphons, la Gazéification des Vins, Bières et Cidres, etc.,
par M. Rouget de Lisle. 1 vol. orné de vignettes et de
planches. 3 fr. 50

— **Eaux-de-Vie (Négociant en)**, Liquoriste, Marchand de Vins et Distillateur, par MM. RAVON et MALEPEYRE. 1 vol.   75 c.

— **Ébéniste, Marqueteur et Tabletier,** traitant des Bois, de leur Teinture et de leur Apprêt, de l'Outillage, du Débitage des bois de placage, de la fabrication des Meubles de tout genre et du travail de la Marqueterie et de la Tabletterie, par MM. NOSBAN et MAIGNE. 1 vol. orné de figures et accompagné de planches.   3 fr. 50

— **Économie domestique,** V. *Maîtresse de Maison.*

— **Électricité atmosphérique,** ou Instructions pour établir les Paratonnerres et les Paragrêles, par M. RIFFAULT. 1 vol.   2 fr. 50

— **Électricité médicale,** ou Éléments d'Électro-Biologie, suivi d'un Traité sur la Vision, par M. SMEE, traduit par M. MAGNIER. 1 vol. orné de fig.   3 fr.

— **Encres (Fabricant d')** de toute sorte, telles que Encres d'écriture, Encres à copier, Encres d'impression typographique, lithographique et de taille douce, Encres de couleurs, Encres sympathiques, etc., suivi de la *Fabrication du Cirage,* par MM. DE CHAMPOUR et F. MALEPEYRE. 1 vol.   3 fr.

— **Engrais** (FABRICATION ET APPLICATION DES) animaux, végétaux et minéraux, ou Traité théorique et pratique de la nutrition des plantes, par MM. Eug. et Henri LANDRIN. 1 vol. orné de vignettes.   2 fr. 50

— **Entomologie élémentaire,** ou Entretiens sur les Insectes en général, mis à la portée de la jeunesse, par M. BOYER DE FONSCOLOMBE. 1 gros vol.   3 fr.

ATLAS D'ENTOMOLOGIE, composé de 110 planches, représentant les Insectes servant de types pour la classification.

Figures noires.   9 fr.
Figures coloriées.   18 fr.

— **Épistolaire** (Style), par M. BISCARRAT et madame la comtesse d'HAUTPOUL. 1 vol.   2 fr. 50

— **Équarrisseur,** voyez *Charcutier.*

— **Équitation,** à l'usage des deux sexes, par M. VENDRAUX. 1 vol. orné de figures.   3 fr.

— **Escaliers en Bois** (Construction des), traitant de la manipulation et du posage des Escaliers à une ou plusieurs rampes, de tous les modèles et s'adaptant à toutes les constructions, par M. BOUTEREAU. 1 vol. et Atlas grand in-8 de 20 planches gravées sur acier.   5 fr.

— **Escrime,** ou Traité de l'Art de faire des armes, par M. LAFAUGÈRE. 1 vol. orné de vignettes.   2 fr. 50

— **État Civil** (Officier de l'), pour la Tenue des Registres et la Rédaction des Actes, etc., etc., par M. Lemolt, ancien magistrat. 1 vol.   2 fr. 50

— **Étoffes imprimées** (Fabricant d') et Fabricant de Papiers peints, par MM. Séb. Lenormand et Vergnaud. 1 v. 3 fr.

— **Falsifications des Drogues** simples ou composées ; moyens de les reconnaître, par M. Pédroni, chimiste. 1 vol. avec planche.   2 fr. 50

— **Ferblantier-Lampiste,** ou Art de confectionner tous les Ustensiles en fer-blanc et les appareils d'Eclairage de tous les systèmes, pour les habitations et dans les établissements publics. 1 vol. (*En préparation.*)

— **Fermier,** ou l'Agriculture simplifiée et mise à la portée de tout le monde, par M. de Lépinois. 1 vol. 2 fr. 50

— **Fermière** (Bonne), voyez *Habitants de la Campagne.*

— **Filateur,** ou Description des Méthodes anciennes et nouvelles employées pour filer le Coton, le Lin, le Chanvre, la Laine et la Soie.   (*En préparation.*)

— **Filature de Coton,** suivi de Formules pour apprécier la résistance des appareils mécaniques, etc., par M. Drapier. 1 vol. avec planches.   2 fr. 50

— **Filets,** voyez *Pêcheur.*

— **Fleuriste artificiel,** ou l'Art d'imiter, d'après nature, toute espèce de Fleurs, suivi de l'Art du Plumassier, par madame Celnart. 1 vol. orné de fig.   2 fr. 50

On peut se procurer des *modèles coloriés*, dessinés d'après nature, par Redouté. La planche :   1 fr. 50

— **Fleuriste artificiel simplifié,** par mademoiselle Sourdon. 1 vol.   1 fr. 50

— **Fondeur,** traitant de la Fonderie du fer, de l'acier, du cuivre, du bronze et du laiton, de la fonte des statues, des cloches, etc., par MM. A. Gillot et L. Lockert, ingénieurs. 2 vols. accompagnés de 8 planches.   7 fr.

— **Fontainier,** voyez *Mécanicien-Fontainier.*

— **Forestier praticien** (Le) et Guide des Gardes-Champêtres, traitant de la Conservation des Semis, de l'Aménagement, de l'Exploitation, etc., etc., des Forêts, par MM. Crinon et Vasserot. 1 vol.   1 fr. 25

— **Forgeron, Maréchal, Taillandier.** Voyez *Charron, Métaux, Serrurier.*

— **Forges** (Maître de), ou l'Art de travailler le fer, par M. Landrin. 2 vol. ornés de planches.   6 fr.

— **Formulaire de Mécanique et d'Industrie.** Voyez *Technologie physique et mécanique.*

— **Galvanoplastie,** ou Traité complet des Manipulations électro-métallurgiques, contenant tous les procédés les plus récents et les plus usités, par M. A. BRANDELY, ingénieur. 2 vol. ornés de vignettes. 6 fr.

— **Gants** (Fabricant de), voyez *Chamoiseur.*

— **Gardes-Champêtres, Gardes-Forestiers, Gardes-Pêche et Gardes-Chasse,** par M. BOYARD, ancien président à la Cour d'Orléans, M. VASSEROT, ancien adjoint, ancien avocat à la Cour de Paris, ancien sous-préfet de Pontoise, et M. V. EMION, avocat à la Cour de Paris. 1 volume. 2 fr. 50

— **Gardes-Malades,** et personnes qui veulent se soigner elles-mêmes, par M. le docteur MORIN. 1 vol. 2 fr. 50

— **Gaz** (Éclairage et Chauffage au), ou Traité élémentaire et pratique destiné aux Ingénieurs, aux Directeurs et aux Contre-Maîtres d'Usines à Gaz, mis à la portée de tout le monde, suivi d'un *Memento de l'Ingénieur-Gazier,* par M. D. MAGNIER, ingénieur-gazier. 2 vol. accompagnés de 15 planches gravées sur acier. 6 fr.

On a extrait de ce Manuel l'ouvrage suivant :

MEMENTO DE L'INGÉNIEUR-GAZIER, contenant, sous une forme succincte, les Notions et les Formules nécessaires à toutes les personnes qui s'occupent de la Fabrication et de l'Emploi du Gaz, par M. D. MAGNIER. Brochure in-18. 75 c.

— **Géographie de la France,** divisée par bassins, par M. LORIOL (*Autorisé par l'Université*). 1 vol. 2 fr. 50

— **Géographie physique,** ou Introduction à l'étude de la Géologie, par M. HUOT. 1 vol. 3 fr.

— **Géologie,** ou Traité élémentaire de cette science, par MM. HUOT et D'ORBIGNY. 1 vol. orné de planches. 3 fr.

— **Glaces** (Fabrication des), voyez *Verrier.*

— **Glacier,** voyez *Limonadier.*

— **Glycérine** (Fab^n. de la), Voyez *Bougies stéariques.*

— **Gnomonique,** ou l'Art de tracer les cadrans solaires, par M. BOUTEREAU. 1 vol. orné de figures. 3 fr.

— **Gouache,** voyez *Peinture à l'Aquarelle.*

— **Gourmands,** ou l'Art de faire les honneurs de sa table, par CARDELLI. 1 vol. 3 fr.

— **Graveur,** ou Traité complet de l'Art de la Gravure en tous genres, par MM. PERROT et MALEPEYRE. 1 vol. orné de planches. 3 fr.

— **Greffes** (Monographie des), ou Description des diverses sortes de Greffes employées pour la multiplication des végétaux, par M. THOUIN, de l'Institut, etc. 1 vol. orné de 8 planches. 2 fr. 50

— **Greffiers**, voyez *Aspirants* aux fonctions de Greffiers.

— **Gutta-Percha**, Voyez *Caoutchouc*.

— **Gymnastique**, par M. le colonel Amoros. (*Ouvrage couronné par l'Institut, admis par l'Université, etc.*) 2 vol. et Atlas.   10 fr. 50

— **Habitants de la Campagne** et Bonne Fermière, contenant tous les moyens de faire valoir, de la manière la plus profitable, les terres, le bétail, les récoltes, etc., par madame Celnart. 1 vol.   2 fr. 50

— **Histoire naturelle médicale et de Pharmacographie**, ou Tableau des Produits que la Médecine et les Arts empruntent à l'Histoire naturelle, par M. Lesson, ancien pharmacien de la marine à Rochefort. 2 vol.   5 fr.

— **Histoire universelle**, depuis le commencement du monde, par Cahen. 1 vol.   2 fr. 50

— **Horloger**, comprenant la Construction détaillée de l'Horlogerie ordinaire et de précision, de l'Horlogerie électrique, et, en général, de toutes les machines propres à mesurer le temps; par MM. Lenormand, Janvier et Magnier, revu par M. L. S.-T. 2 vol. accompagnés de planches.   6 fr.

— **Huiles minérales**, leur Fabrication et leur Emploi à l'Éclairage et au Chauffage, par M. D. Magnier, ingénieur. 1 vol. accompagné de planches.   3 fr. 50

— **Huiles végétales et animales** (Fabricant et Épurateur d'), comprenant l'Essai des Huiles et les moyens de constater leur sophistication, par MM. J. de Fontenelle, F. Malepeyre et Ad. Dalican. 2 vols. avec 8 planches.   6 fr.

— **Huissiers**, voy. *Aspirants* aux fonctions d'Huissiers.

— **Hydroscope**, voyez *Sondeur*.

— **Hygiène**, ou l'Art de conserver sa santé, par le docteur Morin. 1 vol.   3 fr.

— **Imperméabilisation des Tissus**, Voy. *Caoutchouc*.

— **Imprimerie**, voyez *Typographie*, *Lithographie*, *Taille-douce*.

— **Indiennes** (Fabricant d'), renfermant les Impressions des Laines, des Châles et des Soies, par MM. Thillaye et Vergnaud. 1 vol. avec planches.   3 fr. 50

— **Instruments de Chirurgie** (Fabricant d') par H.-C. Landrin. 1 gros vol. orné de planches.   3 fr. 50

— **Irrigations et assainissement des Terres**, ou Traité de l'emploi des Eaux en agriculture, par M. le marquis de Pareto, 4 vol. accompagnés d'un Atlas composé de 40 planches in-folio.   18 fr.

— **Jardiniers,** ou Art de cultiver les Jardins, renfermant un Calendrier indiquant mois par mois tous les travaux à faire en Jardinage, les principes d'Horticulture, la Taille des arbres, les Greffes, etc., par UN JARDINIER AGRONOME. 1 gros vol. accompagné de figures. 3 fr. 50

— **Jaugeage.** Voyez *Tonnelier.*

— **Jeunes gens,** ou Sciences, Arts et Récréations qui leur conviennent, et dont ils peuvent s'occuper avec agrément et utilité, par M. VERGNAUD. 2 vol. ornés de fig. 6 fr.

— **Jeux d'Adresse et d'Agilité,** contenant les Jeux et les Récréations à l'usage des enfants, des jeunes gens et des jeunes filles de tout âge, par M. DUMONT. 1 vol. orné de figures. 3 fr.

— **Jeux de Calcul et de Hasard,** ou nouvelle Académie des Jeux, comprenant les Jeux de Cartes, de Dés, de Roulette, de Trictrac, de Dames, d'Echecs, de Billard, etc., par M. LEBRUN. 1 vol. (*En préparation.*)

— **Jeux de Société,** renfermant les Rondes enfantines, les Jeux innocents, les Pénitences, les Jeux d'esprit, les Jeux de Salon les plus en usage dans les réunions intimes, par Mme CELNART. 1 vol. 2 fr. 50

— **Jeux enseignant la Science,** ou Introduction à l'étude de la Mécanique, de la Physique, etc., par M. RICHARD. 2 vol. 6 fr.

— **Justices de Paix,** ou Traité des Compétences et Attributions tant anciennes que nouvelles, en toutes matières, par M. BIRET, ancien magistrat. 1 vol. 3 fr. 50

LE MÊME OUVRAGE, 1 vol. in-8. (*Voyez* page 69.) 6 fr.

— **Laiterie,** ou Traité de toutes les méthodes en usage pour la Laiterie, contenant l'Art de faire le Beurre, de confectionner les Fromages, de conserver les Œufs, etc. (*En préparation.*)

— **Langage** (Pureté du), par M. BLONDIN. 1 vol. 1 fr. 50

— **Langage** (Pureté du), par MM. BISCARRAT et BONIFACE. 1 vol. 2 fr. 50

— **Levure (Fabricant de),** traitant de sa composition chimique, de sa production et de son emploi dans l'industrie, principalement dans la Brasserie, la Distillation, la Boulangerie, la Pâtisserie, l'Amidonnerie, la Papeterie, par M. F. MALEPEYRE. 1 vol. orné de figures. 2 fr. 50

— **Limonadier,** Glacier, Cafetier et Amateur de thés, contenant la fabrication de la Glace et des Boissons frappées ou rafraîchissantes, par MM. CHAUTARD et JULIA DE FONTENELLE. 1 vol. accompagné de planches. 2 fr. 50

— **Liqueurs,** voyez *Distillateur, Liquides.*

— **Lithographe** (Imprimeur et Dessinateur), traitant de l'Autographie, la Lithographie mécanique, la Chromolithographie, la Lithophotographie, la Zincographie, et des procédés nouveaux en usage dans cette industrie. (*En préparation.*)

— **Liquides (Amélioration des)**, tels que Vins, Vins mousseux, Alcools, Spiritueux, Vinaigres, etc., contenant les meilleures formules pour le coupage et l'imitation des Vins de tous les crûs, des Liqueurs, des Sirops, des Vinaigres, etc., par M. LEBEUF. 1 vol.   3 fr.

— **Littérature** à l'usage des deux sexes, par madame D'HAUTPOUL. 1 vol.   1 fr. 75

— **Lumière électrique**, voyez *Briquets.*

— **Luthier**, contenant la Construction intérieure et extérieure des Instruments à cordes et à archet et la Fabrication des Cordes harmoniques et à boyaux, par MM. MAUGIN et MAIGNE. 1 volume avec planches.   2 fr. 50

— **Machines à Vapeur** appliquées à la Marine, par M. JANVIER. 1 vol. avec planches.   3 fr. 50

— **Machines Locomotives** (Constructeur de), par M. JULLIEN, Ingénieur civil. 1 gros volume accompagné d'un Atlas.   5 fr.

— **Machines-Outils** employées dans les usines et ateliers de construction, pour le Travail des Metaux, par M. CHRÉTIEN. 2 vol. et atlas de 16 pl. grand in-8.   10 fr. 50
LE MÊME OUVRAGE. 1 vol. in-8° jésus, renfermant l'Atlas. Voyez page 55.   12 fr.

— **Maçon, Stucateur, Carreleur et Paveur**, contenant l'emploi, dans ces industries, des matières calcaires et siliceuses, ainsi que la description des méthodes de Pavage expérimentées dans les grandes villes, par MM. TOUSSAINT, D. MAGNIER et G. PICAT. 1 vol. accompagné de 12 planches. (*En préparation.*)

— **Magie blanche**, voyez *Sorcellerie.*

— **Maires, Adjoints, Conseillers et Officiers municipaux**, rédigé *par ordre alphabétique*, et mis au courant de la législation actuelle, par M. Ch. VASSEROT, ancien adjoint au maire de Poissy. 1 gros vol.   3 fr. 50
Voyez *Manuel des Maires*, par M. BOYARD, page 69.

— **Maître d'Hôtel**, ou Traité complet des menus, mis à la portée de tout le monde, par M. CHEVRIER. 1 vol. orné de figures.   3 fr.

— **Maîtresse de Maison**, ou Conseils et Recettes sur l'Economie domestique, par MMes PARISET et CELNART. 1 vol.   2 fr. 50

— Mammalogie, ou Histoire naturelle des Mammifères, par M. LESSON. 1 gros vol.   3 fr. 50

ATLAS DE MAMMALOGIE, composé de 80 planches représentant la plupart des animaux décrits dans l'ouvrage ci-dessus: figures noires, 6 fr.; fig. coloriées,   12 fr.

— Marbrier, Constructeur et Propriétaire de maisons, contenant des Notions pratiques sur les Marbres, ainsi que des Modèles de Monuments funèbres, de Cheminées, de Vases et d'Ornements de toute nature, par MM. B. et M. 1 vol. avec un bel Atlas renfermant 20 planches gravées sur acier.   7 fr.

— Marine, Gréement, manœuvre du Navire et Artillerie, par M. VERDIER. 2 vol. ornés de figures.   5 fr.

— Maroquinier, voyez *Chamoiseur.*

— Marqueteur, voyez *Ebéniste.*

— Mathématiques appliquées, par M. RICHARD. 1 gros vol. avec figures.   3 fr.

— Mécanicien-Fontainier, comprenant la Conduite et la Distribution des Eaux, le mesurage aux Compteurs et à la Jauge, la Filtration, la fabrication des Robinets, des Fontaines, des Bornes, des Bouches d'eau, des Garde-robes, etc., par M. A. ROMAIN. 1 vol. orné de figures et accompagné de planches.   3 fr. 50

— Mécanique, ou Exposition élémentaire des lois de l'Équilibre et du Mouvement des Corps solides, par M. TERQUEM. 1 gros vol. orné de planches.   3 fr. 50

— Mécanique appliquée à l'Industrie, voyez *Technologie mécanique.*

— Mécanique pratique, à l'usage des directeurs et contre-maîtres, par MM. BERNOUILLI et VALÉRIUS, 1 vol. 2 fr.

— Médecine et Chirurgie domestiques, par M. le docteur MORIN. 1 vol.   3 fr. 50

— Mégissier, voyez *Chamoiseur.*

— Menuisier en bâtiments, Layetier-Emballeur, traitant des Bois employés dans la menuiserie, de l'Outillage, du Trait, de la construction des Escaliers, du Travail du Bois, etc., par MM. NOSBAN et MAIGNE. 2 vol. accompagnés de planches et ornés de vignettes.   6 fr.

— Métaux (Travail des). Voyez *Machines-Outils.*

— Métreur et Vérificateur en bâtiments, par M. LEBOSSU, architecte. (*En préparation.*)

Première partie. Terrasse et maçonnerie. 1 vol.

Deuxième partie. Menuiserie, peinture, tenture, vitrerie, dorure, charpente, serrurerie, couverture, plomberie, marbrerie, carrelage, pavage, poêlerie, etc. 1 vol.

— **Meunier, Négociant en grains** et **Cons-tructeur de moulins.** 1 vol. accompagné de plan-ches. (*En préparation.*)

— **Microscope** (Observateur au), par F. Dujardin. 1 vol. avec Atlas de 30 planches. 10 fr. 50

— **Minéralogie,** ou Tableau des Substances minéra-les, par M. Huot. 2 vol. ornés de fig. 6 fr.
Atlas de Minéralogie, composé de 40 planches repré-sentant la plupart des Minéraux décrits dans l'ouvrage ci-dessus; fig. noires, 3 fr. — Fig. coloriées. 6 fr.

— **Mines** (Exploitation des), par J.-F. Blanc, ingénieur. 1re *partie*, Houille. 1 vol. avec figures. 3 fr. 50
2e *partie*, Fer, Plomb, Cuivre, Étain, Argent, Or, Zinc, Diamant, etc. 1 vol. avec figures. 3 fr. 50

— **Miniature,** voyez *Peinture à l'Aquarelle.*

— **Morale,** ou Droits et Devoirs dans la Société. 1 vol. 75 c.

— **Moraliste,** ou Pensées et Maximes instructives pour tous les âges de la vie, par M. Tremblay. 2 vol. 5 fr.

— **Mouleur,** ou Art de mouler en Plâtre, au Ciment, à l'argile, à la cire, à la gélatine, traitant du Moulage du carton, du carton-pierre, du carton-cuir, du carton-toile, du bois, de l'écaille, de la corne, de la baleine, etc., con-tenant le moulage et le clichage des médailles, par MM. Lebrun, Magnier, Robert, De Valicourt, F. Malepeyre et Brandely. 1 vol. orné de figures. 3 fr. 50

— **Moutardier,** voyez *Vinaigrier.*

— **Musique simplifiée,** ou Grammaire élémentaire contenant les principes de cet Art, par M. Led'huy. 1 vol. accompagné de musique. 1 fr. 50

— **Musique Vocale et Instrumentale,** ou En-cyclopédie musicale, par M. Choron, ancien directeur de l'Opéra, fondateur du Conservatoire de Musique classique et religieuse, et M. de Lafage, professeur de chant et de composition.
— Première partie : Exécution. Connaissances élémen-taires, Sons, Notations, Instruments. 1 vol. et Atlas. 5 fr.
— Deuxième partie : Composition. Mélodie et Harmonie. Contre-Point, Imitation, Instrumentation. Musique vocale et instrumentale d'Eglise, de Chambre et de Théâtre. 3 vol. et 3 Atlas. 20 fr.
— Troisième partie : Complément ou Accessoire. Théorie physico-mathématique. Institutions. Hist. de la musique. Bibliographie. Résumé général. 2 vol. et Atlas. 10 fr. 50

SOLFÈGES, MÉTHODES.

fège d'Italie.	12 f.	»	Méthode de Cor.	1 f.	50
— de Rodolphe	4	»	— de Basson.	»	75
			— de Serpent.	1	50
éthode d'Alto.	1	»	— de Trompette et		
— de Violoncelle.	4	50	Trombone.	»	75
— de Contre-basse.	1	25	— d'Orgue.	3	50
— de Flûte.	5	»	— de Piano.	4	50
— de Hautbois.	} 1	75	— de Harpe.	3	50
— de Cor anglais.			— de Guitare.	3	»
— de Clarinette.	2	»	— de Flageolet.	2	»

— **Mythologies** grecque, romaine, égyptienne, syrienne, africaine, etc., par M. Dubois. (*Ouvrage autorisé par l'Université.*) 1 vol. 2 fr. 50

— **Naturaliste préparateur,** 1re *partie* : Classification, Recherche des Objets d'histoire naturelle et leur emballage, Disposition et Conservation des Collections, par M. Boitard. 1 vol. orné de figures. 3 fr.

— *Seconde partie :* Art de préparer et d'empailler les Animaux, de conserver les Végétaux et les Minéraux, de préparer les Pièces d'Anatomie normale et d'embaumer les corps, par MM. Boitard et Maigne, 1 vol. orné de figures. 3 fr. 50

— **Navigation,** contenant la manière de se servir de l'Octant et du Sextant, les méthodes usuelles d'astronomie nautique, suivi d'un Supplément contenant les méthodes de calcul exigées des candidats au grade de Maître au cabotage, par M. Giquel, professeur d'hydrographie. 1 vol. accompagné d'une planche. 2 fr. 50

— **Notaires,** V. *Aspirants* aux fonctions de Notaires.

— **Numismatique ancienne,** par M. Barthélemy, ancien élève de l'École des Chartes. 1 gros vol. orné d'un Atlas renfermant 433 figures. 5 fr.

— **Numismatique moderne et du moyen-âge,** par M. Barthélemy. 1 gros vol. orné d'un Atlas renfermant 12 planches. 5 fr.

— **Oiseaux de Volière et de Cage** (Eleveur d'), contenant la Description des genres et des principales espèces d'Oiseaux indigènes et exotiques, par MM. R.-P. Lesson et Maigne. 1 fort volume. 3 fr.

— **Oiseleur,** ou Secrets anciens et modernes de la Chasse aux Oiseaux, traitant de la fabrication et de l'emploi des Filets et des Piéges, par MM. J, G, et Conrard, 1 vol. orné de planches. 3 fr.

— **Optique,** ou Traité complet de cette science, par
Brewster et Vergnaud. 2 vol. avec fig.   6 fr.

— **Organiste,** 1re PARTIE, contenant l'histoire de
l'Orgue, sa description, la manière de le jouer, etc., par
M. Georges Schmitt. 1 vol. avec fig. et musique.   2 fr. 50

— **Organiste,** 2e PARTIE, contenant l'expertise de
l'Orgue, sa description, la manière de l'entretenir et de
l'accorder soi-même, suivi de Procès-verbaux pour la ré-
ception des Orgues de toute espèce, par M. Charles Simon.
1 vol. orné de planches et de musique.   1 fr. 50

— **Orgues** (Facteur d'), ou Traité théorique et prati-
que de l'Art de construire les Orgues, contenant le travail
de Dom Bédos et les perfectionnements de la facture jusqu'à
nos jours, par M. Hamel. 3 vol. avec un Atlas in-folio. 18 fr.

— **Ornementiste,** voyez *Décorateur*.

— **Ornithologie,** ou Description des genres et des
principales espèces d'oiseaux, par M. Lesson. 2 vol.   7 fr.
Atlas d'Ornithologie, composé de 129 planches représen-
tant la plupart des oiseaux décrits dans l'ouvrage ci-dessus.
Figures noires, 10 fr.; figures coloriées.   20 fr.

— **Orthographiste,** ou Cours théorique et pratique
d'Orthographe, par M. Trémery. 1 vol.   2 fr. 50

— **Paléontologie,** ou des Lois de l'organisation des
êtres vivants comparées à celles qu'ont suivies les Espèces
fossiles et humatiles dans leur apparition successive; par
M. Marcel de Serres, professeur à la Faculté des Sciences
de Montpellier. 2 vol. avec Atlas.   7 fr.

— **Papetier et Régleur,** traitant de ces arts et
de toutes les industries annexes du commerce de détail de
la Papeterie, par MM. Julia de Fontenelle et Poisson.
1 gros vol. avec planches.   3 fr. 50

— **Papiers** (Fabricant de), Carton et Art du Formaire,
par M. Lenormand. 2 vol. et Atlas.   10 fr. 50

— **Papiers de Fantaisie** (Fabricant de), Papiers
marbrés, jaspés, maroquinés, gaufrés, dorés, etc.; Peau
d'âne factice, Papiers métalliques; Cire et Pains à cacheter,
Crayons, etc., etc., par M. Fichtenberg. 1 vol. orné de mo-
dèles de papiers.   3 fr.

— **Papiers peints,** voyez *Étoffes imprimées*.

— **Paraffine** (Fabrication et Epuration de la), voyez
*Bougies stéariques, Huiles minérales, Huiles végétales et
animales*.

— **Parcheminier,** voyez *Chamoiseur*.

— **Parfumeur,** ou Traité complet de toutes les
branches de la Parfumerie, contenant une foule de procé-
dés nouveaux, employés en France, en Angleterre et en

Amérique, à l'usage des chimistes-fabricants et des ménages, par MM. Pradal et F. Malepeyre. 1 vol. orné de figures.   3 fr. 50

— **Pastel,** Voyez *Peinture à l'Aquarelle.*

— **Patinage** et Récréations sur la Glace, par M. Paulin-Désormeaux. 1 vol. orné de 4 planches.   1 fr. 25

— **Pâtissier,** ou Traité complet et simplifié de Pâtisserie de ménage, de boutique et d'hôtel, par M. Leblanc. 1 volume.   2 fr. 50

— **Paveur et Carreleur,** voyez *Maçon.*

— **Pêcheur,** ou Traité général de toutes les pêches *d'eau douce et de mer*, contenant l'histoire et la pêche des animaux fluviatiles et marins, les diverses pêches à la ligne et aux filets en rivière et en mer, la fabrication des instruments de pêche et des filets, la législation relative à la pêche fluviale et maritime, par MM. Pesson-Maisonneuve, Moriceau et G. Paulin. 1 volume avec vignettes et planches.   (*En préparation.*)

— **Pêcheur-Praticien,** ou les Secrets et les Mystères de la Pêche à la ligne dévoilés, par M. Lambert. 1 joli vol. orné de vignettes et de planches.   1 fr. 50

— **Peintre d'histoire et Sculpteur,** ouvrage dans lequel on traite de la philosophie de l'Art et des moyens pratiques, par M. Arsenne, peintre. 1 vol.   3 fr. 50

— **Peintre d'histoire naturelle,** contenant de notions générales sur le dessin, le clair-obscur, l'effet des couleurs naturelles et artificielles, les divers genres de peintures, etc., par M. Duménil. 1 vol. orné de teintes. 3 fr.

— **Peinture à l'Aquarelle,** Lavis, Sépia, Gouache, Pastel, Miniature, Peinture à la cire, Peintures orientales, etc. 1 vol. (*En préparation.*)

— **Peintre en Bâtiments,** Vernisseur, Vitrier, Doreur et Argenteur sur bois, sur porcelaine et sur verre, par MM. Riffault, Vergnaud, Toussaint et F. Malepeyre. 1 vol. orné de figures.   3 fr.

— **Peinture sur Verre, sur Porcelaine et sur Émail,** traitant, outre ces différents arts, de la fabrication des Emaux et des Couleurs vitrifiables, ainsi que de l'Emaillage sur métaux communs et sur poteries, par MM. Reboulleau et Magnier. (*En préparation.*)

— **Pelletier-Fourreur et Plumassier,** traitant de l'apprêt et de la conservation des Fourrures et de la préparation des Plumes, par M. Maigne. 1 vol. orné de figures.   2 fr. 50

— **Perspective** appliquée au Dessin et à la Peinture par M. VERGNAUD. 1 vol. accompagné de planches.   3 fr.

— **Pharmacie Populaire**, simplifiée et mise à l portée de toutes les classes de la société, par M. JULIA D FONTENELLE. 2 vol.   6 fr

— **Photographie** sur Métal, sur Papier et sur Verr contenant toutes les découvertes les plus récentes, pa M. DE VALICOURT. 2 vol. avec planche.   6 fr

— **Photographie** (Répertoire de), Formulaire com plet de cet Art, par M. DE LATREILLE. 1 vol.   3 fr. 5

— **Physicien-Préparateur**, ou nouvelle Descrip tion d'un cabinet de Physique, par MM. Ch. CHEVALIER e le docteur FAU. 2 gros vol. avec un Atlas in-8 de 88 pl.   15 fr

— **Physiologie végétale**, Physique, Chimie e Minéralogie appliquées à la culture, par M. BOITARD. 1 vol orné de planches.   3 fr.

— **Physionomiste des Dames**, d'après Lavater, par un Amateur. 1 vol. avec figures.   3 fr

— **Physique appliquée aux Arts et Métiers** par MM. GUILLOUD et TERRIEN. 1 vol. orné de fig. 3 fr. 50

— **Plain-Chant ecclésiastique**, romain et français, à l'usage des Séminaires, des Communautés et de toutes les Eglises catholiques, par M. MINÉ. 1 vol.   2 fr. 50

— **Plâtrier**, voyez *Chaufournier*.

— **Plombier, Zingueur, Couvreur, Appareilleur à Gaz**, contenant la fabrication et le travail du Plomb et du Zinc et la manière de les souder, la Couverture des Constructions et l'Installation des Appareils et des Compteurs à Gaz, par M. ROMAIN. 1 vol. orné de figures et accompagné de planches. (*En préparation.*)

— **Poêlier-Fumiste**, indiquant les moyens de chauffer économiquement et d'aérer les habitations, etc. 1 vol. avec planches. (*En préparation.*)

— **Poids et Mesures**, par M. TARBÉ, ancien conseiller à la Cour de Cassation.

PETIT MANUEL classique pour l'Enseignement élémentaire, sans Tables de conversions. (*Autorisé par l'Université*). 25 c.

PETIT MANUEL à l'usage des Ouvriers et des Écoles, avec Tables de conversions.   25 c.

PETIT MANUEL à l'usage des Agents Forestiers, des Propriétaires et Marchands de bois. Brochure accompagnée d'une planche.   75 c.

POIDS ET MESURES à l'usage des Médecins, etc. Brochure in-18.   25 c.

TABLEAU SYNOPTIQUE DES POIDS ET MESURES.   75 c.

TABLEAU FIGURATIF DES POIDS ET MESURES.   75 c.

— **Poids et Mesures,** Comptes-faits ou Barème gé
néral des Poids et Mesures, par M. ACHILLE NOUHEN. *Ou-
vrage divisé en cinq parties qui se vendent séparément.*

1re partie : Mesures de LONGUEUR.   60 c.
2e partie,   —   de SURFACE.   60 c.
3e partie,   —   de SOLIDITÉ.   60 c.
4e partie,   POIDS.   60 c.
5e partie, Mesures de CAPACITÉ.   60 c.

— **Poids et Mesures** (Barème complet des), par
M. BASILET. 1 vol.   3 fr.

— **Poids et Mesures** (Fabrication des), contenant
en général tout ce qui concerne les Arts du Balancier et
du Potier d'étain, et seulement ce qui est relatif à la
Fabrication des Poids et Mesures dans les Arts du Fon-
deur, du Ferblantier, du Boisselier, par M. RAVON, ancien
vérificateur au bureau central des Poids et Mesures. 1 vol.
orné de figures.   3 fr.

— **Police de la France,** par M. TRUY, commissaire
de police à Paris. 1 vol.   2 fr. 50

— **Politesse** (Guide de la), voyez *Bonne Compagnie.*

— **Pompes** (Fabricant de) de tous les systèmes,
rectilignes, centrifuges, à diaphragme, à vapeur, à incen-
die, d'épuisement, de mines, de jardin, etc., traitant des
principales Machines élévatoires autres que les Pompes, par
MM. JANVIER, BISTON et A. ROMAIN. 1 vol. orné de figures
et accompagné de planches.   3 fr. 50

— **Ponts-et-Chaussées :** *Première partie,* ROUTES
et CHEMINS, par M. DE GAYFFIER, ingénieur en chef des
Ponts-et-Chaussées. 1 vol. avec planches.   3 fr. 50

— *Seconde partie,* PONTS ET AQUEDUCS EN MAÇONNERIE,
par M. DE GAYFFIER. 1 vol. avec planches.   3 fr. 50

— *Troisième partie,* PONTS EN BOIS ET EN FER, par MM. E.
DE GAYFFIER et A. ROMAIN. 1 vol. avec planches. (*En pré-
paration.*)

— **Porcelainier, Faïencier, Potier de
Terre,** contenant des notions pratiques sur la fabrica-
tion des Grès cérames, des Pipes, des Boutons en porcelaine
et des diverses Porcelaines tendres, par M. D. MAGNIER,
ingénieur civil. 2 volumes avec planches.   5 fr.

— **Potier d'étain,** voyez *Fabr. des Poids et Mesures.*

— **Prestidigitation,** voyez *Sorcellerie.*

— **Produits chimiques** (Fabricant de), formant un
Traité de Chimie appliquée aux arts, à l'industrie et à la
médecine, et comprenant la description de tous les pro-
cédés et de tous les appareils en usage dans les labora-

toires de chimie industrielle, par M. G.-E. LORMÉ. 4 gros volumes et Atlas de 16 planches in-8 jésus.   18 fr.

— **Propriétaire, Locataire** et Sous-Locataire, des biens de ville et des biens ruraux ; rédigé *par ordre alphabétique*, par MM. SERGENT et VASSEROT. 1 vol. 2 fr. 50

— **Puisatier,** voyez *Sondeur*.

— **Relieur** en tous genres, contenant les Arts de l'Assembleur, du Satineur, du Brocheur, du Rogneur, du Cartonneur et du Doreur, par MM. Séb. LENORMAND et W. MAIGNE. 1 vol. avec figures et planches.   3 fr. 50

— **Roses** (Amateur de), leur Monographie, leur Histoire et leur culture, par M. BOITARD. 1 vol. orné de planches, fig. noires, 3 fr. 50 ; — fig. coloriées.   7 fr.

— **Sapeur-Pompier,** *Manuel officiel* composé par les officiers du Régiment de la Ville de Paris, *publié par ordre du Ministre de la Guerre*. Nouvelle édition, refondue et corrigée d'après le nouveau matériel (Tuyaux *en Caoutchouc*). 1 vol. orné de 117 figures.   3 fr. 50

— **Sapeur-Pompier** (Abrégé), composé par les Officiers du régiment des Sapeurs-Pompiers de Paris, *à l'usage des départements*. 1 vol. orné de 113 figures.

Edit. A (Manœuvre avec tuyaux *en caoutchouc*.)   2 fr.
Edit. B (—   —   *en cuir*.)   2 fr.

— **Sapeurs-Pompiers** (Théorie des), extraite du Manuel officiel, contenant la manœuvre de la Pompe avec tuyaux *en cuir*. 1 volume orné de 39 figures.   75 c.

— **Sapeur-Pompier,** ou Théorie sur l'extinction des Incendies, par M. PAULIN. 1 vol.   1 fr. 50

— **Sauvetage** dans les Incendies, les Puits, les Puisards, les Fosses d'aisances, les Caves et Celliers, les Accidents en rivière et les Naufrages maritimes, par M. W. MAIGNE. 1 vol. orné de vignettes et de planches.   2 fr. 50

— **Savonnier,** ou Traité de la Fabrication des Savons, contenant des notions sur les Alcalis, les corps gras saponifiables, etc., par M. E. LORMÉ. (*En préparation*.)

— **Sculpture sur bois,** contenant l'Art de Découper et de Denteler les Bois, la Fabrication des Bois comprimés, estampés, moulés, durcis, etc., par M. S. LACOMBE. 1 vol. orné de vignettes.   1 fr. 50

— **Serrurier,** ou Traité complet et simplifié de cet Art, par M. PAULIN-DÉSORMEAUX et M. H. LANDRIN, ingénieur civil. 1 fort vol. et un Atlas de 16 planches.   5 fr.

— **Soierie,** contenant l'Art d'élever les Vers à soie et de cultiver le Mûrier ainsi que la Fabrication des Soieries, par M. DEVILLIERS. 2 vol. et Atlas.   10 fr. 50

— **Sommelier et Marchand de Vins,** contenant des notions sur les Vins rouges, blancs et mousseux, leur classification par vignobles et par crûs, l'art de les déguster, la description du matériel de cave, les soins à donner aux Vins en cercles et en bouteilles, l'art de les rétablir de leurs maladies, les coupages, les moyens de reconnaître les falsifications, etc., par M. MAIGNE. 1 vol. orné de fig.   3 fr.

— **Sondeur, Puisatier et Hydroscope,** traitant de la construction des Puits ordinaires et artésiens et de la recherche des Sources et des Eaux souterraines, par M. A. ROMAIN. 1 vol. accompagné de planches.   3 fr. 50

— **Sorcellerie Ancienne et Moderne expliquée,** ou Cours de Prestidigitation, contenant tous les Tours nouveaux qui ont été exécutés et qui n'ont pas été publiés, par M. PONSIN. 1 gros vol.   3 fr. 50

— SUPPLÉMENT A LA SORCELLERIE EXPLIQUÉE, par M. PONSIN. 1 petit volume.   1 fr. 25

— **Souffleur à la Lampe et au Chalumeau,** par M. PÉDRONI, chimiste. 1 vol. orné de figures.   2 fr. 50

— **Sténographie,** ou l'Art de suivre la parole en écrivant, par M. H. PRÉVOST. 1 vol. (*En préparation.*)

— **Sucre (Fabricant et Raffineur de),** traitant de la fabrication actuelle des Sucres indigènes et coloniaux, provenant de toutes les substances saccharifères dont l'emploi est usuel et reconnu pratique, par M. ZOÉGA. 1 vol. orné de planches et de vignettes.   3 fr. 50

— **Tabletier,** voyez *Ebéniste.*

— **Taillandier,** voyez *Serrurier, Métaux.*

— **Taille-Douce** (Imprimeur en), par MM. BERTHIAUD et BOITARD. 1 vol. avec fig.   3 fr.

— **Tanneur, Corroyeur et Hongroyeur,** contenant le travail des Cuirs forts, de la Molleterie et des Cuirs blancs, par MM. JULIA DE FONTENELLE, F. MALEPEYRE et W. MAIGNE. 1 vol. avec planches et vignettes.   3 fr. 50

— **Technologie physique et mécanique,** ou FORMULAIRE à l'usage des Ingénieurs, des Architectes, des Constructeurs et des Chefs d'usines, par M. ANSIAUX, ingénieur. 1 vol.   3 fr.

— **Teinture des peaux,** voyez *Chamoiseur.*

— **Teinturier, apprêteur et dégraisseur,** ou Art de teindre la Laine, la Soie, le Coton, le Lin, le Chanvre et les autres matières filamenteuses, ainsi que les tissus simples et mélangés, par MM. RIFFAUT, VERGNAUD, JULIA DE FONTENELLE, THILLAYE, MALEPEYRE, ULRICH et ROMAIN. 2 vol. avec planches.   7 fr.

— **Télégraphie électrique.** (*En préparation.*)

— **Teneur de Livres,** renfermant la Tenue des Livres en partie simple et en partie double, par MM. TRÉMERY et A. TERRIÈRE (*Ouvrage autorisé par l'Université*). 1 vol. **3 fr.**

— **Terrassier** et Entrepreneur de terrassements, traitant des divers modes de transport, d'extraction et d'excavation, et contenant une description sommaire des grands travaux modernes, par MM. CH. ÉTIENNE, AD. MASSON et D. CASALONGA. 1 vol. et un Atlas de 22 planches. **5 fr.**

— **Théâtral** et du Comédien, contenant les principes de l'Art de la parole, par Aristippe BERNIER DE MALIGNY. 1 vol. **3 fr. 50**

— **Tissage mécanique,** contenant la Description des Machines génériques, leur installation, leur mise en œuvre, ainsi que l'organisation des établissements de Tissage, par M. Eug. BUREL, ingénieur. 1 vol. orné de vignettes et de planches. **3 fr.**

— **Tissus** (Dessin et Fabrication des) façonnés, tels que Draps, Velours, Ruban, Gilet, Coutil, Châle, Passementerie, Gazes, Barèges, Tulle, Peluche, Damassé, Mousseline, etc., par M. TOUSTAIN. 2 vol. et Atlas in-4 de 26 pl. **15 fr.**

— **Toiles cirées,** Voyez *Caoutchouc.*

— **Tonnelier et Boisselier,** contenant la fabrication des Tonneaux, des Cuves, des Foudres et des autres vaisseaux en bois cerclés, suivi du *Jaugeage* des fûts de toute dimension, par MM. P. DÉSORMEAUX, OTT et MAIGNE. 1 vol. orné de figures et accompagné de planches. **3 fr.**

— **Tourneur,** ou Traité complet et simplifié de cet Art, enrichi des renseignements de plusieurs Tourneurs amateurs, par M. DE VALICOURT. 3 vol. et un Atlas grand in-8 de 27 planches. **15 fr.**

— LE MÊME OUVRAGE, 1 vol. in-8 jésus, renfermant l'Atlas. (Voyez page 58.) **20 fr.**

— **Treillageur,** *Première partie,* traitant de la fabrication à la main, de la Menuiserie des Jardins, et de la fabrication des Objets de jardinage, par M. P. DÉSORMEAUX. 1 vol. accompagné de planches. **3 fr.**

— **Treillageur,** *Seconde partie,* traitant de l'outillage et de la fabrication modernes, de la confection des Grillages, Claies, Jalousies, etc., par M. E. DARTHUY. 1 vol. orné de figures et accompagné de planches. **3 fr.**

— **Tuilier,** voyez *Briquetier.*

— **Typographie, Imprimerie,** par MM. FREY et BOUCHEZ. 2 vol. avec planches. **6 fr.**
On vend séparément les SIGNES DE CORRECTION. **50 c.**

— **Vernis** (Fabricant de), voyez *Couleurs.*

— **Vernisseur,** voyez *Bronzage, Peintre en bâtiments.*

— **Verrier et Fabricant de Glaces**, Cristaux, Pierres précieuses factices, Verres colorés, Yeux artificiels, par MM. JULIA DE FONTENELLE et MALEPEYRE 2 vol. ornés de planches.   6 fr.

— **Vétérinaire**, contenant la connaissance des chevaux, la manière de les élever, les dresser et les conduire, la Description de leurs maladies, les meilleurs modes de traitement, etc., par M. LEBEAU et un ancien professeur d'Alfort. 1 vol. orné de figures.   3 fr. 50

— **Vigne** (CULTURE ET TRAITEMENT DE LA), ou Guide du Vigneron et de l'Amateur de Treilles, indiquant, mois par mois, les travaux à faire dans le vignoble et sur les treilles des jardins; la manière de planter, gouverner et dresser la vigne d'après toutes les méthodes en usage en France, et de la guérir de ses Maladies par les moyens reconnus les plus efficaces, par M. F.-V. LEBEUF. 1 vol. orné de vignettes. 2 f. 50

— **Vigneron**, ou l'Art de cultiver la Vigne, de la protéger contre les insectes qui la détruisent, et de faire le Vin, contenant les meilleures méthodes de Vinification, traitant du chauffage des Vins, etc., par MM. THIÉBAUT DE BERNEAUD et F. MALEPEYRE. 1 vol. orné de figures et accompagné de planches.   3 fr. 50

— **Vinaigrier et Moutardier**, contenant la fabrication de l'acide acétique, de l'acide pyroligneux, des acétates, et les formules de Vinaigres de table, de toilette et pharmaceutiques, ainsi que les meilleures recettes pour la fabrication de la moutarde, par MM. J. DE FONTENELLE et F. MALEPEYRE. 1 vol. orné de vignettes.   3 fr. 50

— **Vins** (Calendrier des), ou Instructions à exécuter mois par mois, pour conserver, améliorer ou guérir les Vins. (*Ouvrage destiné aux Garçons de caves et de celliers, et aux Maîtres de Chais, faisant suite à l'Amélioration des Liquides*), par M. V.-F. LEBEUF. 1 vol.   1 fr. 75

— **Vins**, voyez *Liquides, Sommelier*.

— **Vins de Fruits et Boissons économiques**, contenant l'Art de fabriquer soi-même, chez soi et à peu de frais, les Vins de Fruits, le Cidre, le Poiré, les Vins de Grains, les Bières économiques et de ménage, les Boissons rafraîchissantes, les Hydromels, etc., et l'Art d'imiter les Vins de crûs et de Liqueur français et étrangers, par MM. ACCUM, GUIL.... et MALEPEYRE. 1 vol.   2 fr. 50

— **Vins mousseux**, voy. *Eaux et Boissons Gazeuses*.

BIBLIOTHÈQUE DES ARTS ET MÉTIERS

15 vol. format in-18, grand papier,

1 fr. 75 le volume.

Livre de l'Arpenteur-Géomètre, Guide pratique de l'Arpentage et du lever des Plans, par MM. PLACE et FOUCARD. 1 vol. accompagné de 3 planches.

Livre du Brasseur, Guide complet de la fabrication de la Bière, par M. P. DELESCHAMPS. 1 vol.

Livre de la Comptabilité du Bâtiment, Guide complet de la mise à prix de tous les travaux de Construction (seconde partie du *Livre du Toiseur*), par M. A. DIGEON. 1 vol.

Livre du Cultivateur, Guide complet de la culture des Champs, par M. MAUNY DE MORNAY. 1 vol. accompagné de 2 planches.

Livre de l'Economie et de l'Administration rurale, Guide complet du Fermier et de la Ménagère, par M. MAUNY DE MORNAY. 1 vol. accompagné d'une planche.

Livre du Forestier, Guide complet de la Culture et de l'Exploitation des Bois, traitant de la fabrication des Charbons et des Résines, par M. MAUNY DE MORNAY. 1 vol. accompagné d'une planche.

Livre du Jardinier, Guide complet de la culture des Jardins fruitiers, potagers et d'agrément, par M. MAUNY DE MORNAY. 2 vol. accompagnés de 2 planches.

Livre des Logeurs et des Traiteurs, Code complet des Aubergistes, Maitres d'hôtel, Teneurs d'hôtel garni, Logeurs, Traiteurs, Restaurateurs, Marchands de Vin, etc., suivi de la Législation sur les Boissons. 1 vol.

Livre du Meunier, du Négociant en Grains et du Constructeur de Moulins, par M. MAUNY DE MORNAY. 1 vol. accompagné de 3 planches.

Livre de l'Eleveur et du Propriétaire d'Animaux domestiques, par M. MAUNY DE MORNAY. 1 vol. accompagné de 2 planches.

Livre du Fabricant de Sucre et du Raffineur, par M. MAUNY DE MORNAY. 1 vol. accompagné de 2 planches.

Livre du Tailleur, Guide complet du tracé, de la coupe et de la façon des Vêtements, par M. Aug. CANNEVA. 1 vol. accompagné de 2 planches.

Livre du Toiseur-Vérificateur, Guide complet du toisé de tous les ouvrages de Bâtiment, par M. A. DIGEON. 1 vol. accompagné de 2 planches.

Livre du Vigneron et du Fabricant de Cidre, de Poiré, de Cormé et autres Vins de Fruits, par M. MAUNY DE MORNAY. 1 vol. accompagné d'une planche.

JOURNAL DE PHOTOGRAPHIE
Et de Microscopie
*Bulletin trimestriel de la Société française
de Microscopie,*
Rédigé par M. G. HUBERSON.
8e ANNÉE. — DEUXIÈME SÉRIE. — TOME II (1881).

France, 8 fr.— Union postale, 10 fr.— Hors de l'Union, 12 fr.

Les abonnements se font *pour un an* du 1er janvier et donnent droit à l'usage de la *Bibliothèque roulante.*

On peut se procurer les années parues aux prix de :

Première série (1872-1879), 5 vol. in-8 avec fig. et pl.   40 fr.
(Est exceptée la 1re année (1872), *épuisée*).
Les tomes II à VI (1873–1879) séparément chacun.   10 fr.
Deuxième série (1880), tome 1er, 1 vol. in-8.   . . .   4 fr.

LA REVUE DES SAPEURS-POMPIERS
Journal bi-mensuel
Paraissant le 1er et le 16 de chaque mois.
Rédigé par un Officier de Sapeurs-Pompiers.
3e année (1881).

(*A partir du* 1er *janvier* 1882, la REVUE paraîtra *toutes les semaines*).

Sommaire des Articles traités dans le Journal :

Documents officiels. — Etudes relatives à l'organisation et à l'administration des Corps.—Comptes-rendus de Manœuvres et des Concours de matériel d'Incendie, de Gymnastique, de Musique et de Tirs.—Inventions.—Jurisprudence.—Réglements de Sociétés de secours mutuels et de Caisses de retraites. — Informations diverses. — Variétés. — Annonces et réclames diverses, spécialement celles relatives au Matériel d'incendie et aux effets d'équipement, etc.

Les Abonnements ne se font *que pour un an* et partent du 1er janvier et du 1er juillet.

Paris et France. . . . .   6 fr.
Pays étrangers compris dans l'Union des Postes.   7 fr.
Chaque numéro se vend séparément. . . . .   25 c.

LE TECHNOLOGISTE

Organe spécial des Propriétaires
et des Constructeurs d'Appareils à vapeur

Publié sous la direction de M. L.-V. LOCKERT,

Ingénieur civil, ancien élève de l'Ecole centrale.

Revue mensuelle

TROISIÈME SÉRIE, *format in-4.* — TOME 4ᵉ (1881).

Les abonnements ne se font que *pour un an*, à partir du 1ᵉʳ janvier.

Paris et France. . . . . 20 fr.
Union des Postes. 25 fr.
Hors de l'Union postale. . . . . 30 fr.

Le journal paraît *tous les mois*. Il est accompagné d'un MEMORANDUM paraissant *toutes les semaines*.

Les tomes I, II et III forment 3 volumes in-4, avec titres et tables, du prix de 30 francs chacun.

———

Ce recueil a commencé à paraître le 1ᵉʳ octobre 1839.

La PREMIÈRE SÉRIE (1839–1875), complétement terminée, se compose de 35 volumes in-8, accompagnés de planches ou ornés de figures, chacun du prix de   15 fr.

La DEUXIÈME SÉRIE (1876–1877), également terminée, se compose de 4 volumes in-8, ornés de figures, chacun du prix de   10 fr.

TABLE alphabétique et analytique des Tomes I à XX (1839-1859). 1 vol. grand in-8°.   10 fr.

TABLE alphabétique et analytique des Tomes XXI à XXX (1859-1869). 1 vol. grand in-8°.   5 fr.

La Table des Tomes XXXI à XXXV, et celle des 4 volumes de la deuxième série (1869-1877), *sont en préparation.*

Ces Tables sont données *gratuitement* aux Abonnés à la Collection complète ou aux personnes qui font l'acquisition des deux premières séries.

On peut se procurer des *collections complètes* de ce recueil, ainsi que des volumes séparés.

A partir du 1ᵉʳ janvier 1878, le prix des COLLECTIONS COMPLÈTES *des deux premières séries*, est *réduit à* **300** fr., *au lieu de* 680 fr., prix de publication.

Le prix des volumes séparés est *abaissé* de 18 à 15 fr. pour la première série et de 12 fr. 50 à 10 fr. pour la deuxième.

———

SUITES A BUFFON

FORMANT

AVEC LES ŒUVRES DE CET AUTEUR

UN COURS COMPLET

D'HISTOIRE NATURELLE

embrassant

LES TROIS RÈGNES DE LA NATURE.

Les possesseurs des Œuvres de BUFFON pourront, avec ces suites, compléter toutes les parties qui leur manquent, chaque ouvrage se vendant séparément, et formant, tous réunis, avec les travaux de cet homme illustre, un ouvrage général sur l'histoire naturelle.

Cette publication scientifique, du plus haut intérêt, préparée en silence depuis plusieurs années, et confiée à ce que l'Institut et le haut enseignement possèdent de plus célèbres naturalistes et de plus habiles écrivains, est appelée à faire époque dans les annales du monde savant.

Les noms des Auteurs indiqués ci-après, sont, pour le public, une garantie certaine de la conscience et du talent apportés à la rédaction des différents traités.

Zoologie Générale (Supplément à Buffon), ou Mémoires et notices sur la zoologie, l'anthropologie et l'histoire de la science, par M. ISIDORE GEOFFROY-SAINT-HILAIRE. 1 vol. avec 1 livraison de planches.
Fig. noires.   10 fr. 50
Fig. coloriées.   14 fr.
Cétacés, BALEINES, DAUPHINS, etc.), par M. F. CUVIER, membre de l'Institut, professeur au Muséum d'Histoire naturelle. 1 vol. et 2 livraisons de planches.
Figures noires,   14 fr.
Fig. coloriées.   21 fr.
Reptiles, (Serpents, Lézards, Grenouilles, Tortues, etc.), par M. DUMÉRIL, membre de l'Institut, professeur à la faculté de Médecine et au Muséum d'Histoire naturelle, et M. BIBRON, professeur d'His-

toire naturelle, 10 vol. et 10 livraisons de planches, fig. noires. 105 fr.
Fig. coloriées. 140 fr.

Poissons, par M. A.-Aug. DUMÉRIL, professeur au Muséum d'Histoire naturelle, professeur agrégé libre à la Faculté de Médecine de Paris. Tomes I et II (en 3 vol.) et 2 livr. de planches.
Fig. noires. 28 fr.
Fig. coloriées. 35 fr.
(*En cours de publication.*)

Entomologie (Introduction à l'), comprenant les principes généraux de l'Anatomie, de la Physiologie des Insectes, des détails sur leurs mœurs, et un résumé des principaux systèmes de classification, etc., par M. LACORDAIRE, professeur à l'Université de Liège (*Ouvrage adopté et recommandé par l'Université pour être placé dans les bibliothèques des Facultés et des Lycées, et donné en prix aux élèves*). 2 volumes et 2 livraisons de planches.
Fig. noires. 21 fr.
Fig. coloriées. 24 fr. 50

Insectes Coléoptères (Cantharides, Charançons, Hannetons, Scarabées, etc.), par MM. LACORDAIRE, professeur à l'Université de Liège, et CHAPUIS, membre de l'Académie royale de Belgique. 14 volumes et 13 livraisons de planches.
Fig. noires. 143 fr. 50
Fig. coloriées. 189 fr. »

— **Orthoptères** (Grillons, Criquets, Sauterelles), par M. SERVILLE, de la Société entomologique de France. 1 vol. et 1 livr. de planches.
Fig. noires. 10 fr. 50
Fig. coloriées. 14 fr.

— **Hémiptères** (Cigales, Punaises, Cochenilles, etc.), par MM. AMYOT et SERVILLE, 1 vol. et 1 livr. de planches.
Fig. noires. 10 fr. 50
Fig. coloriées. 14 fr.

— **Lépidoptères** (Papillons).

— DIURNES, par M. BOISDUVAL, t. 1er, avec 2 livr. de pl.
Fig. noires. 14 fr.
Fig. coloriées. 21 fr.

— NOCTURNES, par MM. BOISDUVAL et GUÉNÉE, t. 1er avec 1 livr. de planches, t. V à X, avec 5 livr. de planches.
Fig. noires. 70 fr.
Fig. coloriées. 91 fr.
(*En cours de publication.*)

— **Névroptères** (Demoiselles, Ephémères, etc.), par M. le docteur RAMBUR, 1 vol. et 1 livr. de planches.
Fig. noires. 10 fr. 50
Fig. coloriées. 14 fr.

— **Hyménoptères** (Abeilles, Guêpes, Fourmis, etc.), par M. le comte LEPELETIER DE SAINT-FARGEAU et M. BRULLÉ; 4 vol. avec 4 livraisons de planches.
Fig. noires. 42 fr.
Fig. coloriées. 56 fr.

— **Diptères** (Mouches, Cousins, etc.), par M. MACQUART, directeur du Muséum d'Histoire naturelle de Lille;

2 vol. et 2 livr. de planches.
Fig. noires. 21 fr.
Fig. coloriées. 28 fr.

— **Aptères** (Araignées, Scorpions, etc.), par M. WALCKENAER et M. GERVAIS; 4 vol. et 5 livr. de planches.
Fig. noires. 45 fr. 50
Fig. coloriées 63 fr.

rustacés (Écrevisses, Homards, Crabes, etc.), comprenant l'Anatomie, la Physiologie et la Classification de ces animaux, par M. MILNE-EDWARDS, membre de l'Institut, professeur au Muséum d'Histoire naturelle. 3 vol. et 4 livraisons de planches.
Fig. noires. 35 fr.
Fig. coloriées. 49 fr.

Mollusques (Poulpes, Moules, Huîtres, Escargots, Limaces, Coquilles, etc.) (*En préparation.*)

elminthes, ou Vers intestinaux, par M. DUJARDIN, doyen de la Faculté des Sciences de Rennes. 1 vol. et 1 livraison de planches.
Fig. noires. 10 fr. 50
Fig. coloriées. 14 fr.

Annelés (Annélides, Sangsues, Lombrics, etc.), par MM. DE QUATREFAGES, membre de l'Institut, professeur au Muséum d'Histoire naturelle, et LÉON VAILLANT, professeur au Muséum. Tomes I et II (en 3 vol.), avec 2 livraisons de planches.
Fig. noires. 28 fr.
Fig. coloriées. 35 fr.
(*En cours de publication.*)

Zoophytes Acalèphes (Physale, Béroé, Angèle, etc.) par M. LESSON, correspondant de l'Institut. 1 vol. avec 1 livr. de planch.
Fig. noires. 10 fr. 50
Fig. coloriées. 14 fr.

— **Échinodermes** (Oursins, Palmettes, etc.), par MM. DUJARDIN, doyen de la Faculté des Sciences de Rennes, et HUPÉ, aide-naturaliste. 1 vol. et 1 livr. de planches.
Fig. noires. 10 fr. 50
Fig. coloriées. 14 fr.

— **Coralliaires** ou POLYPES PROPREMENT DITS (Coraux, Gorgones, Eponges, etc.), par MM. MILNE-EDWARDS, professeur au Muséum, et J. HAIME, aide-naturaliste. 3 vol. avec 3 livr. de planches.
Fig. noires. 31 fr. 50
Fig. coloriées. 42 fr.

— **Infusoires** (Animalcules microscopiques), par M. DUJARDIN, doyen de la Faculté des Sciences de Rennes. 1 vol. avec 2 livr. de planches.
Fig. noires. 14 fr.
Fig. coloriées. 21 fr.

Botanique (Introduction à l'étude de la), ou Traité élémentaire de cette science, contenant l'Organographie, la Physiologie, etc., par ALPH. DE CANDOLLE, professeur d'Histoire naturelle à Genève (*Ouvrage autorisé par l'Université pour les Lycées et les Collèges*). 2 vol. et 1 livr. de planches. 17 fr. 50

Végétaux phanéroga-mes (Arbres, Arbrisseaux, Plantes d'agrément, etc.), par M. SPACH, aide-natura-liste au Muséum d'Histoire naturelle. 14 vol. et 15 li-vraisons de planches.
Fig. noires. 150 fr.
Fig. coloriées. 203 fr.
— **Cryptogames** (Mous-ses, Fougères, Lichens, Champignons, Truffes, etc.) (*En préparation.*)
Géologie (Histoire, Forma-tion et Disposition des Ma-tériaux qui composent l'é corce du Globe terrestre) par M. HUOT, membre d plusieurs Sociétés savantes 2 forts vol. et 2 livraison de planches. 21 fr
Minéralogie (Pierres Sels, Métaux, etc.), par M DELAFOSSE, membre de l'In titut, professeur au Muséu d'Histoire naturelle et à l Sorbonne. 3 vol. et 4 livrai sons de planches. 35 fr

---

CONDITIONS DE LA SOUSCRIPTION.

Les SUITES à BUFFON formeront cent volumes in-8 en viron, imprimés avec le plus grand soin et sur beau papier ce nombre paraît suffisant pour donner à cet ensembl toute l'étendue convenable. Ainsi qu'il a été dit précédem ment, chaque auteur s'occupant depuis longtemps de l partie qui lui est confiée, l'Editeur sera à même de publie en peu de temps la totalité des traités dont se composer cette utile collection.

86 volumes et 88 livraisons de planches sont en vente

Les personnes qui voudront souscrire pour toute la Col lection auront la liberté de prendre par portion jusqu'à c qu'elles soient au courant de tout ce qui à paru.

Prix du texte (1) :

Chaque volume contenant environ 500 à 700 pages :
Pour les souscripteurs à toute la collection.. . 6 fr.
Pour les acquéreurs par parties séparées.. . . 7 fr.

Prix des planches :

Chaque livraison d'environ 10 planches noires. 3 fr. 50
— — — coloriées. 7 fr.

(1) L'Editeur ayant à payer pour cette collection des honoraires aux auteurs, le prix des volumes ne peut être comparé à celui des réimpressions d'ouvrages appartenant au domaine public et exempts de droits d'auteurs, tels que Buffon, Voltaire, etc.

BAR-SUR-SEINE. — IMP. SAILLARD.

HISTOIRE NATURELLE.

Abeille (L'), Journal d'Entomologie spécialement consacré aux Coléoptères, rédigé par M. S.-A. DE MARSEUL, paraissant deux fois par mois, par livraison de 36 pages in-18 jésus. 12 livraisons (semestre).   13 fr.
24 livraisons (l'année entière).   25 fr.
L'ABEILLE forme trois séries, dont les deux premières se composent chacune de 6 volumes, se vendant séparément.
1re Série (1864-1869), tomes I à VI.   90 fr.
Chaque volume séparément.   15 fr.
2e Série (1870-1875), tomes VII à XII.   108 fr.
Chaque volume séparément.   18 fr.
3e Série (1875), tomes XIII à XVI, chacun :   18 fr.
Tome XVII, 1 vol., planches noires.   20 fr.
—   — planches coloriées.   22 fr.
Le tome XVIII est en cours de publication.
Annales (Nouvelles) du Muséum d'Histoire naturelle, recueil de Mémoires de MM. les professeurs administrateurs et autres naturalistes. Années 1832 à 1835, 4 vol. in-4. Chaque volume : 30 fr.   120 fr.
Voyez *Mémoires de la Société d'Histoire naturelle de Paris*, page 42.
Animaux vertébrés (Sur les) de la Belgique, utiles ou nuisibles à l'Agriculture, par M. DE SÉLYS-LONG-CHAMPS. Br. in-8.   1 fr.
Arachnides (Les) de France, par M. E. SIMON, membre de la Société entomologique de France.
Tome 1er, contenant les familles des Epeiridæ, Uloboridæ, Dictynidæ, Enyoidæ et Pholcidæ. 1 vol. in-8°, accompagné de 3 planches.   12 fr.
Tome 2, contenant les familles des Urocteidæ, Agelenidæ, Thomisidæ et Sparassidæ. 1 vol. in-8°, accompagné de 7 planches.   12 fr.
Tome 3, contenant les familles des Attidæ, Oxyopidæ et Lycosidæ. 1 vol. in-8, accompagné de 4 planches.   12 fr.
Tome 4, contenant la famille des Drassidæ. 1 vol. in-8, accompagné de 5 planches.   12 fr.
Tome 5 (1re partie). contenant les familles des Epeiridæ (supplément) et des Theridionidæ. 1 volume accompagné de planches.   12 fr.

Tomes 5 (2ᵉ partie) et 6. (*En préparation.*)

Tome 7, contenant les familles des Chernetes, Scorpiones et Opiliones. 1 vol. in-8, accompagné de planches.   12 fr.

Aranéïdes des îles de la Réunion, Maurice et Madagascar, par M. Aug. Vinson. 1 gros volume grand in-8, avec 14 planches, fig. noires.   20 fr.

Fig. coloriées.   30 fr.

Botanique (La), de J.-J. Rousseau, augmentée des méthodes de Tournefort et de Linné, suivie d'un Dictionnaire de botanique et de notes historiques, par M. Deville, 2ᵉ édit., 1 gros vol. in-12, orné de 8 planches.   4 fr.

Figures coloriées.   5 fr.

Catalogue des Lépidoptères, ou Papillons de la Belgique, précédé du tableau des Libellulides de ce pays, par M. de Sélys-Longchamps. In-8.   2 fr.

Catalogue raisonné des Plantes phanérogames de Maine-et-Loire, par M. A. Boreau, auteur de la Flore du centre de la France. 1 vol. in-8.   3 fr.

Catalogus Avium hucusque descriptorum, auctore Ad. Boucard. 1 vol. in-8.   15 fr.

Catalogus Coleopterorum Europæ et confinium, auctore S.-A. de Marseul. 1 vol. in-12.   2 fr.

Le *Catalogus* réuni à l'*Index* (p. 41). 1 vol. in-12.   5 fr.

Catalogue des Oiseaux d'Europe, rédigé par M. Parzudaki, d'après les classifications du prince Bonaparte. Notice par M. De Sélys-Longchamps. Br. in-8.   1 fr.

Collection iconographique et historique des Chenilles, ou Description et figures des chenilles d'Europe, avec l'histoire de leurs métamorphoses, etc., par MM. Boisduval, Rambur et Graslin.

Cette collection se compose de 42 livraisons, format grand in-8; chaque livraison comprenant *trois planches coloriées* et le texte correspondant.   3 fr.

Les 42 livraisons réunies.   100 fr.

Considérations sur les Lépidoptères envoyés du Guatémala à M. de L'Orza, par M. le Dʳ Boisduval. Brochure grand in-8.   3 fr.

Cours d'Entomologie, ou Histoire naturelle des crustacés, des arachnides, des myriapodes et des insectes, par M. Latreille, professeur, membre de l'Institut, etc. 1 gros vol. in-8, et un Atlas composé de 24 planches. 15 fr.

Description géologique de la partie méridionale de la chaîne des Vosges, par M. Rozet, capitaine d'état-major. 1 vol. in-8, orné de planches et d'une jolie carte.   10 fr.

Discours sur l'avenir physique de la terre, par M. MARCEL DE SERRES, professeur à la Faculté des Sciences de Montpellier, in-8.　　　　　2 fr. 50

Discussion sur quelques expériences relatives à l'influence de la densité sur la chaleur spécifique des gaz, par P. PRÉVOST, brochure in-4.　　　　　1 fr.

Enumération des Insectes Lépidoptères de la Belgique, par DE SÉLYS-LONGCHAMPS. Br. in-8.　1 fr. 25

Essai monographique sur le genre Scrofularia, par H. WYDLER, brochure in-4, accompagnee de 5 pl. 3 fr.

Essai monographique sur les Campagnols des environs de Liège, par M. DE SÉLYS-LONGCHAMPS, in-8, fig.　3 fr.

Essai sur l'Histoire naturelle du Brabant, par feu M.　　　　(Mammifères.)　　　2 fr. 50
(Analyse et Extraits par M. DE SÉLYS-LONGCHAMPS)

Études de micromammalogie, revue des sorex-mus et arvicola d'Europe, suivies d'un index méthodique des mammifères européens, par M. DE SÉLYS-LONGCHAMPS. 1 volume in-8.　　　　　5 fr.

Europeorum microlepidopterorum Index methodicus, sive Spirales, Tortrices, Tineæ et Alucitæ Linnæl, Auctore A. GUÉNÉE. Pars prima, in-8.　　3 fr. 75

Fauna japonica, sive Descriptio animalium quæ in itinere per Japoniam, suscepto anni 1823-1830, collegit, notis, observationibus et adumbrationibus illustravit PH. FR. DE SIEBOLD.

Poissons,　　16 livraisons coloriées, chaque.　26 fr.
Reptiles,　　3　—　　noires,　　—　　25 fr.
Les *Mammifères, Oiseaux* et *Crustacés* manquent.

Faune de l'Océanie, par le docteur BOISDUVAL. Un gros vol. grand in-8.　　　　　10 fr.

Faune entomologique de Madagascar, Bourbon et Maurice. — *Lépidoptères,* par le docteur BOISDUVAL; avec des notes sur les métamorphoses, par M. SGANZIN.
Huit livraisons, format grand in-8; chaque livraison contenant 2 *planches coloriées* et le texte correspondant.　3 fr.
Les huit livraisons réunies :　　　　20 fr.

Faune (Sur la) de la Belgique, par M. DE SÉLYS-LONGCHAMPS, br. in-8.　　　　　1 fr.

Genera et index methodicus Europæorum Lepidopterorum. pars prima sistens Papiliones Sphinges, Bombyces noctuas, auctore BOISDUVAL. 1 vol. in-8.　5 fr.

Génération (De la) chez le Séchot (*mulus gobio*), par le docteur Prévost. Brochure in-4, accompagnée d'une planche. 1 fr. 50

Herbarii Timorensis descriptio, cum tabulis 6 æneis; auctore J. Decaisne. 1 vol. in-4. 15 fr.

Hétéromères du Japon (Coléoptères), par M. S.-A. De Marseul. Brochure in-8. 6 fr.

Histoire des métamorphoses de quelques Coléoptères exotiques, par M. E Candèze. 1 vol. in-8, avec figures. 3 fr.

Histoire des Mœurs et de l'Instinct des Animaux, distributions naturelles de toutes leurs classes, par J.-J. Virey. 2 vol. in-8. 12 fr.

Histoire des progrès des sciences naturelles, depuis 1789 jusqu'en 1831, par M. le baron G. Cuvier. 5 vol. in-8. 22 fr. 50
Le tome 5 séparément. 7 fr.
Le Conseil de l'Université a décidé que cet ouvrage serait placé dans les bibliothèques des Lycées et des Collèges et donné en prix aux élèves.

Histoire naturelle des Insectes, composée d'après Réaumur, Geoffroy, Degeer, Roesel, Linné, Fabricius, et les meilleurs ouvrages qui ont paru sur cette partie, rédigée suivant les méthodes d'Olivier, de Latreille, avec des notes, plusieurs observations nouvelles et les figures dessinées d'après nature : par F.-M.-G. de Tigny et Brongniart, pour les généralités. Édition augmentée et mise au niveau des connaissances actuelles, par M. Guérin. 10 vol. accompagnés de 105 planches, fig. noires. 23 fr. 40
Figures coloriées. 39 fr.

Histoire naturelle des Végétaux classés par familles, avec la citation de la classe et de l'ordre de Linné, et l'indication de l'usage qu'on peut faire des plantes dans les arts, le commerce, l'agriculture, le jardinage, la médecine, etc.; des figures dessinées d'après nature, et un Genera complet, selon le système de Linné, avec des renvois aux familles naturelles de Jussieu; par J.-B. Lamarck, et C.-F.-B. de Mirbel. 15 volumes accompagnés de 120 planches, fig. noires. 30 fr. 90
Figures coloriées. 46 fr. 50

Histoire naturelle des Coquilles, contenant leur description, leurs mœurs et leurs usages, par M. Bosc. 5 vol. accompagnés de 49 planches. Fig. noires. 10 fr. 65
Fig. coloriées. 16 fr. 50

Histoire naturelle des Vers, contenant leur description, leurs mœurs et leurs usages, par M. Bosc. 3 vol. accompagnés de 25 planches, fig. noires.   6 fr. 50
Fig. coloriées.   10 fr. 50

Histoire naturelle des Crustacés, contenant leur description, leurs mœurs et leurs usages, par M. Bosc. 2 vol. accompagnés de 19 planches, figures noires.   4 fr. 75
Fig. coloriées.   8 fr.

Histoire naturelle des Poissons, avec des figures dessinées d'après nature, par Block. Ouvrage classé par ordres, genres et espèces, d'après le système de Linné, avec les caractères génériques, par Réné Richard Castel. 10 volumes accompagnés de 160 pl., figures noires. 28 fr. 20
Figures coloriées.   47 fr.

Histoire naturelle des Reptiles, avec des figures dessinées d'après nature, par Sonnini et Latreille. 4 vol. accompagnés de 54 planches, fig. noires.   9 fr. 85
Figures coloriées.   17 fr.

Icones historiques des Lépidoptères nouveaux ou peu connus, collection, avec figures coloriées, des papillons d'Europe nouvellement découverts; ouvrage formant le complément de tous les auteurs iconographes; par le docteur Boisduval.
Cet ouvrage se compose de 42 livraisons grand in-8, comprenant chacune deux planches coloriées et le texte correspondant. Prix de chaque livraison.   3 fr.
Les 42 livraisons réunies.   100 fr.

Iconographie et histoire des Lépidoptères et des Chenilles de l'Amérique septentrionale, par MM. Boisduval et John Leconte.
Cet ouvrage comprend 26 livraisons, renfermant trois planches coloriées et le texte correspondant.
Prix de la livraison.   3 fr.
Les 26 livraisons réunies.   60 fr.

Illustrationes plantarum orientalium, ou Choix de Plantes nouvelles ou peu connues de l'Asie occidentale, par M. le comte Jaubert et M. Spach. Cet ouvrage forme 5 vol. grand in-4, composés chacun de 100 planches et d'environ 30 feuilles de texte; il a paru par livraisons de 10 planches. Le prix de chacune est de   15 fr.
L'ouvrage complet (50 livraisons).   750 fr.

Index des Coléoptères de l'ancien monde, décrits depuis 1863, faisant suite au *Catalogus*, par M. S.-A. De Marseul. In-12.   4 fr. 25
L'*Index* réuni au *Catalogus* (page 38). 1 vol. in-12. 5 fr.

Mémoire sur la famille des Combrétacées, par M. DE CANDOLLE. Br. in-4, avec 5 planches. **3 fr.**

Mémoire sur la vallée de Valorsine, par M. L. A. NECKER. Br. in-4, avec 4 planches. **3 fr.**

Mémoire sur le Mont-Somma, par M. L.-A. NECKER. Brochure in-4, accompagnée de 2 planches. **2 fr. 50**

Mémoire sur les grandes pierres primitives alpines, distribuées par groupes dans le bassin du lac de Genève, et dans la vallée de l'Arve, par M. J.-A. DE LUC. Brochure in-4, accompagnée d'une carte. **2 fr.**

Mémoires sur les métamorphoses des Coléoptères, par W. DE HAAN. 1 vol. in-4° avec pl. **6 fr.**

Mémoires de la Société d'Histoire naturelle de Paris, 5 vol. in-4 avec planches. Chaque volume : 20 fr. **100 fr.**

Voyez *Nouvelles Annales du Muséum*, page 37.

Mémoires de la Société royale des Sciences de Liège. 26 volumes in-8, accompagnés de planches.

PREMIÈRE SÉRIE.

— Tome 1er (en 2 vol. in-8) chaque vol. **5 fr.**
Les 2 vol. réunis. **8 fr.**
— Tome 2 (en 2 vol. in-8) chaque vol. **5 fr.**
Les 2 vol. réunis. **10 fr.**
— Tome 3, 1845. Monog. des Coléoptères subpentamères-phytophages, par TH. LACORDAIRE, tome 1er. 1 v. in-8. **12 fr.**
— Tome 4, 1847-49. Monographie des Productus, par M. DE KONINCK. 2 vol. in-8 et un atlas. La 1re partie, 1 vol. et 1 atl. 10 fr. La 2e partie, 1 vol. **5 fr.**
— Tome 5, 1848. Monog. des Coléoptères subpentamères-phytophages, par TH. LACORDAIRE, tome 2. 1 vol. in-8. **12 fr.**
— Tome 6, 1849. Monog. des Odonates. 1 vol. in-8. **10 fr.**
— Tome 7, 1851. Exposé élémentaire de la Théorie des Intégrales définies, par MEYER. 1 vol. in-8. **10 fr.**
— Tome 8, 1853, renfermant le catalogue des larves des Coléoptères connues jusqu'à ce jour, avec la description de plusieurs espèces nouvelles, par MM. CHAPUIS et CANDÈZE 1 vol. in-8. **12 fr.**
— Tome 9, 1854, contenant la monographie des Caloptérygines, par M. DE SÉLYS-LONGCHAMPS. 1 vol. in-8. **12 fr.**
— Tome 10, 1856. Cours élémentaire sur la Fabrication des bouches à feu en fonte et en bronze, par COQUILHAT. 1re partie. 1 vol. in-8. **12 fr.**
— Tome 11, 1858. Fabrication des bouches à feu, par COQUILHAT. 2e partie. — Calcul des variations, par A. MEYER.

—Monographie des Gomphines, par M. DE SÉLYS-LONGCHAMPS. 1 vol. in-8.   18 fr.

— Tome 12, 1857. Monographie des Élatérides, par E. CANDÈZE. Tome 1er, 1 vol. in-8.   8 fr. 50

— Tome 13, 1858. Fabrication des bouches à feu par COQUILHAT. 3e partie. — Etudes sur un mémoire de Jacobi, relatif aux intégrales définies, par N.-C. SCHMITT. — Notice géologique, par J. Van BINKHORST. 1 vol. in-8.   12 fr.

— Tome 14, 1859. Monographie des Elatérides, par E. CANDÈZE. Tome 2. 1 vol. in-8.   10 fr.

— Tome 15, 1860. Monographie des Elatérides, par E. CANDÈZE. Tome 3, 1 vol. in-8.   10 fr.

— Tome 16, 1861. Des Brachiopodes munis d'appendices spiraux, par DAVIDSON, trad. par DE KONINCK. — Méthodes diverses de calculs transcendants, par PAQUE. — Métamorphoses de quelques Coléoptères exotiques, par E. CANDÈZE. 1 vol. in-8.   10 fr.

— Tome 17, 1863. Monographie des Elatérides, par E. CANDÈZE. Tome 4 et dernier, 1 vol. in-8.   10 fr.

— Tome 18, 1863. Clytides d'Asie et d'Océanie, par CHEVROLAT. — Percussions sur les affûts dans le tir des bouches à feu, par COQUILHAT, etc. 1 vol. in-8.   10 fr.

— Tome 19, 1866. Genera des Coléoptères Cérambycides, par J. THOMSON. 1 vol. in-8.   9 fr.

—Tome 20, 1866. Monographie des Platypides, par F. CHAPUIS.—Table générale des 20 volumes composant la Première Série des Mémoires. 1 vol. in-8, accompagné de figures. 14 fr.

DEUXIÈME SÉRIE.

— Tome 1er, 1866. Expériences sur la détermination des moments d'inertie des canons en bronze, par COQUILHAT. — Mémoire relatif aux mathématiques élémentaires, par NOEL. — Tables usuelles des Logarithmes, par FOLIE. — Des surfaces réglées et des surfaces enveloppes, par STAMMER. — Notes sur les Notiophiles et les Amara, par PUTZEYS. 1 vol. 8°, avec figures.   9 fr.

— Tome 2, 1867. Mélanges mathématiques, par EUGÈNE CATALAN. 1 vol. in-8.   7 fr.

— Tome 3, 1873. Observations de Tératologie, par E. CHARLIER. — Exposition nouvelle du Calcul différentiel et du Calcul intégral, par J.-B. BRASSEUR. — Synopsis des Scolytides, par F. CHAPUIS. — Aranéides du midi de la France, par E. SIMON. — Monographie des Mylabrides, par

DE MARSEUL. — Les Oiseaux et les Insectes, par E. PER-
RIS. 1 vol. in-8, avec figures. 10 fr.

— Tome 4, 1875. Révision de la Monographie des Ela-
térides (1er fascicule), par M. E. CANDÈZE. — Cours de
probabilités professé à l'Université de Liége, de 1849 à
1857, par A. MEYER (Publié par F. FOLIE). — Nouvelle
espèce de Lepidotus, par WINCKLER. 1 volume in 8°, avec
planches. 10 fr.

— Tome 5, 1874. Dosage de l'acide carbonique, par KUPF-
FERSCHLAEGER. — Insectes recueillis au Japon par G. Lewis
(1869-71); Élatérides, par E. CANDÈZE. — Intégration des
équations aux dérivés partiels des deux premiers ordres,
par J. GRAINDORGE. — Essai sur les Antarctia Dejean, par
J. PUTZEYS. — Trajectoires des fusées volantes dans le vide,
par COQUILHAT. — Cléonides, par CHEVROLAT. — Aranéides
nouveaux du midi de l'Europe, avec 3 planches, par E.
SIMON. 1 vol. in-8. 10 fr.

Monographia Tryphonidum Sueciæ, auctore
AUG. EMIL. HOLMGREN, in-4. 13 fr.

Monographie des Caloptérygines, par MM.
DE SÉLYS-LONGCHAMPS et HAGEN, 1 vol. in-8, accompagné
de 14 planches. 7 fr.

Monographie des Érotyliens, famille de l'ordre
des Coléoptères, par M. TH. LACORDAIRE. 1 vol. in-8. 9 fr.

Monographie des Gomphines, par MM. Ed. DE
SÉLYS-LONGCHAMPS et HAGEN. 1 vol. in-8, renfermant 23
planches. 10 fr.

Monographie générale des Histérides, par
M. DE MARSEUL. 4 vol. in-8, accompagnés de 38 planches
noires. 83 fr.

On vend séparément :

1er SUPPLÉMENT (Extr. des Annales de la Société entomo-
logique de France). 1 vol. in-8 avec 13 planches. 24 fr.

2e SUPPLÉMENT (Extr. de la Société entomologique belge).
1 vol. in-8. 8 fr.

Monographie générale des Mylabres, par
M. DE MARSEUL. 1 vol. in-8 avec 6 planches. Figures
noires. 22 fr.

Fig. contenant 14 types coloriés. 26 fr.

Note sur deux espèces de Musaraignes ob-
servées nouvellement en Belgique, par M. DE SÉLYS-LONG-
CHAMPS. 4 pages in-8. 30 c.

Note sur le Mus agrestis de Linné, par M. DE
SÉLYS-LONGCHAMPS. 4 pages in-8. 30 c.

Note sur la Douve à long cou (*Fasciola lucii*), par
professeur L. JURINE. Br. in-4, avec planche.   1 fr. 50

Notice sur les Libellulidées, extraite des Bul-
tins de l'Académie de Bruxelles, par M. Ed. DE SÉLYS-
NGCHAMPS. Brochure in-8 avec planches.   2 fr.

**Notice sur l'Hirondelle rousseline d'Eu-
ope** et sur les autres espèces du sous-genre Cecropis,
ar M. DE SÉLYS-LONGCHAMPS. Br. in-8.   1 fr.

Nouvelles Libellulidées d'Europe, par M. DE
ÉLYS-LONGCHAMPS. 8 pages in-8.   50 c.

Observations botaniques, par B.-C. DUMORTIER.
-8.   4 fr.

Oiseaux américains (Sur les) de la Faune euro-
éenne, par M. DE SÉLYS-LONGCHAMPS, 1 vol. in-8.   1 fr. 25

Pigeon voyageur (Le), sa description, sa nourri-
e, son logement, sa reproduction, ses maladies, suivi
e l'entraînement des Pigeons de Concours, par M. F. CHA-
UIS. 1 vol. petit in-8.   3 fr.

       eon voyageur (Le), dans les forteresses et au
     , par M. F. CHAPUIS. Br. in-8.   1 fr. 50

Plantes rares du Jardin de Genève, par
.-P. DE CANDOLLE, livraisons 1 à 4, in-4, fig. color., à
5 fr. la livraison. L'ouvrage complet.   60 fr.

Principes de Zooclassie, servant d'introduction à
'étude des Mollusques, par H. DE BLAINVILLE. 1 vol. in-8. 3 fr.

**Récapitulation des Hybrides observés dans
la famille des Anatidées,** par E. DE SÉLYS-LONG-
CHAMPS, brochure in-8.   1 fr. 25
ADDITION A LA RÉCAPITULATION, br. in-8.   1 fr.

Règne animal, d'après M. DE BLAINVILLE, disposé
en séries, en procédant de l'homme jusqu'à l'éponge, et
divisé en trois sous-règnes.
Tableau gravé sur acier.   3 fr. 50

**Synonymia insectorum. — Genera et spe-
cies Curculionidum** (ouvrage comprenant la synony-
mie et la description de tous les Curculionides connus),
par M. SCHOENHERR. 8 tomes en 16 vol. in-8.   144 fr.

Synopsis de la flore du Jura septentrional et du
Sundgau, par FRIGHE-JOSET et MONTANDON. 1 v. in-12.   5 fr.

Synopsis des Caloptérygines, par M. DE SÉLYS-
LONGCHAMPS. Br. in-8.   3 fr.

Synopsis des Gomphines, par M. DE SÉLYS-
LONGCHAMPS. Br. in-8.   3 fr.

Tableau de la distribution méthodique des espèces minérales, suivie dans le cours de minéralogie fait au Muséum d'Histoire naturelle, par Alexandre BRONGNIART, professeur. Brochure in-8. 2 fr.

Théorie élémentaire de la botanique, ou Exposition des Principes de la Classification naturelle et de l'Art de décrire et d'étudier les végétaux, par M. DE CANDOLLE. 3ᵉ édition; 1 vol. in-8. 8 fr.

Traité élémentaire de Minéralogie, par F.-S. BEUDANT. 2 vol. in-8, ornés de 24 planches. 21 fr.

Voyage à Madagascar, au Couronnement de Radama II, par M. AUG. VINSON. Ouvrage enrichi de Catalogues spéciaux publiés par MM. J. Verreaux, Guénée et Ch. Coquerel. 1 beau volume in-8 jésus :

Papier fin glacé, fig. coloriées. 25 fr.
Papier ordinaire, fig. coloriées. 20 fr.
Papier ordinaire, fig. noires. 15 fr.

Voyage médical autour du monde, exécuté sur la corvette du roi *la Coquille*, commandée par le capitaine Duperrey, pendant les années 1822, 1823, 1824 et 1825, suivi d'un Mémoire sur les Races humaines répandues dans l'Océanie, la Malaisie et l'Australie, par M. LESSON. 1 vol. in-8. 4 fr. 50

Zoologie classique, ou Histoire naturelle du Règne animal, par M. F.-A. POUCHET, professeur de zoologie au Muséum d'Histoire naturelle de Rouen, etc. : seconde édition, considérablement augmentée. 2 vol. in-8, contenant ensemble plus de 1,300 pages, et accompagnés d'un Atlas de 44 planches et de 5 grands tableaux gravés sur acier.

Figures noires. 20 fr.
Figures coloriées. 25 fr.

NOTA. *Le Conseil de l'Université a décidé que cet ouvrage serait placé dans les bibliothèques des Lycées et des Collèges.*

AGRICULTURE, JARDINAGE.

ÉCONOMIE RURALE.

Agriculture française, par MM. les Inspecteurs de l'agriculture, publiée d'après les ordres de M. le Ministre de l'Agriculture et du Commerce, contenant la description géographique, le sol, le climat, la population, les exploitations rurales ; instruments aratoires, engrais, assolements, etc., de chaque département. 6 vol., accompagnés chacun d'une belle carte, sont en vente, savoir :

Département de l'Isère. 1 vol. In-8.	3 fr. 50	
— du Nord. In-8.	3 fr. 50	
— des Hautes-Pyrénées. In-8.	3 fr. 50	
— de la Haute-Garonne. In-8.	3 fr. 50	
— des Côtes-du-Nord. In-8.	3 fr. 50	
— du Tarn. In-8.	3 fr. 50	

Amateur de fruits (L'), ou l'Art de les choisir, de les conserver, de les employer, principalement pour faire les compotes, gelées, marmelades, confitures, etc., par M. L. DUBOIS. In-12.   2 fr. 50

Amélioration (De l') de la Sologne, par M. R. PARETO. In-8.   2 fr. 50

Application (De l') de la vapeur à l'agriculture, de son Influence sur les Mœurs, sur la Prosperité des Nations et l'Amélioration du Sol, par GIRARD, Brochure In-8, grand papier.   75 c.

Art de composer et décorer les jardins, par M. BOITARD ; ouvrage orné de 140 planches gravées sur acier. 2 vol. format in-8 oblong.   15 fr.

Même ouvrage que le Manuel de l'Architecte des Jardins. (Voyez page 5.)

Cette publication n'a rien de commun avec les autres ouvrages du même genre, portant même le nom de l'auteur. Ce traité est un travail très-complet et publié à très-bas prix, qui permet aux amateurs de jardins de tirer de leurs propriétés le meilleur parti possible.

**Assolements, Jachère et Succession
Cultures,** par M. YVART, de l'Institut, avec des notes,
M. V. RENDU, inspecteur de l'agriculture. 1 vol. in-4. 12
    LE MÊME OUVRAGE. 3 vol. in-18 (voyez page 6).   10 fr.

Asperges (LES), **les Figues, les Fraises e
les Framboises,** Description des meilleures méthod
de culture pour les obtenir en abondance, et manière d
les forcer pour avoir des primeurs et des fruits pendan
l'hiver, avec l'indication des travaux à faire mois par mois
par M. V. F. LEBEUF. 1 vol. in-18 avec vignettes. 1 fr.

Champignons (CULTURE DES) DE COUCHE ET DE BOI
et des Truffes, ou Moyens de les multiplier, de l
reproduire, de les accommoder, et de reconnaître les Cham
pignons sauvages comestibles, etc., par M. V.-F. LEBEUF
1 vol. in-18, orné de 17 gravures sur bois.   1 fr.

**Choix des plus belles fleurs et des pl
beaux fruits,** par M. REDOUTÉ. 1 joli volume grand
in-4°, orné de 144 planches coloriées.   150 fr.
    Reliure 1/2 maroquin du Levant, tranches dorées. 200 fr.
    Certaines planches de l'œuvre de M. REDOUTÉ *se venden
séparément à raison de 1 fr. 50.*
    Le Catalogue spécial de cet ouvrage est adressé, franco
aux personnes qui en font la demande.

**Cours complet d'Agriculture (Nouveau) du
XIXᵉ siècle,** contenant la grande et la petite culture, l'é-
conomie rurale domestique, la médecine vétérinaire, etc.,
par les Membres de la section d'Agriculture de l'Institut
de France. 16 vol. in-8, de près de 600 pages chacun, ornés
de planches.   32 fr.

Cours d'Agriculture (Petit), ou Encyclopédie
agricole, par M. MAUNY DE MORNAY, contenant les livres du
Cultivateur, du Jardinier, du Forestier, du Vigneron, de
l'Economie et Administration rurales, du Propriétaire et
de l'Eleveur d'animaux domestiques. 7 vol. grand in-18,
avec fig.   12 fr.

Culture de l'Asperge à la charrue, d'après la
méthode PARENT ; économie qui en résulte, description des
instruments nécessaires, etc., par A. GODEFROY-LEBEUF.
Brochure in-18, avec figures.   75 c.

Culture et taille rationnelles et économiques du
Poirier, du Pommier, du Prunier et du Cerisier, contenant
une Description des meilleurs fruits à cultiver en espalier
et à haute tige, traitant des Formes nouvelles et naturelles
propres à remplacer les formes de fantaisie connues, par
M. V.-F. LEBEUF. 1 vol. grand in-18 orné de 60 silhouettes
des meilleurs fruits en grandeur naturelle.   2 fr. 50

École du jardin potager, par M. DE COMBLES, 6ᵉ édition, revue par M. LOUIS DUBOIS. 3 tomes en 2 vol. in-12.   4 fr. 50

Éloge historique de l'abbé FRANÇOIS ROZIER, restaurateur de l'Agriculture française, par A. THIÉBAUT DE BERNEAUD, in-8.   1 fr. 50

Encyclopédie du Cultivateur, ou Cours complet et simplifié d'agriculture, d'économie rurale et domestique, par M. LOUIS DUBOIS. 2ᵉ édition, 9 vol. in-12 ornés de gravures.   20 fr.

Le tome 9 se vend séparément   4 fr.

Cet ouvrage, très-simplifié, est indispensable aux personnes qui ne voudraient pas acquérir le grand ouvrage intitulé : Cours d'agriculture du XIXᵉ siècle.

Engrais des Jardins. Moyens de s'en procurer, d'en fabriquer à discrétion et à bon marché; les meilleurs engrais animaux, végétaux, artificiels, chimiques et du commerce; la manière de modifier la nature du sol par leur emploi, d'avoir de l'eau pour les arrosements, etc., par V.-F. LEBEUF. 1 vol. in-18.   1 fr. 25

Étude sur les Sauterelles et les Criquets. Moyen d'en arrêter les invasions et de les transformer en Engrais, par M. C. HAUVEL, ingénieur. Brochure in-8.   1 fr. 50

Fabrication du fromage, par le docteur F. GERA, traduit de l'italien par V. RENDU, in-8, fig. (Couronné par la Société royale et centrale d'agriculture.)   5 fr.

Figues, Fraises, Framboises (CULTURE DES). (Voyez *Les Asperges, les Figues, les Fraises et les Framboises,* page 48).

Histoire du Pêcher, par DUVAL, in-8.   1 fr. 50

Histoire du Poirier (Pyrus sylvestris) par DUVAL. Br. in-8. (Extrait de l'*Agriculteur praticien*).   1 fr. 50

Histoire du Pommier, par DUVAL. In-8.   1 fr. 50

Horticulteur (L') gastronome; BONS LÉGUMES ET BONS FRUITS, ou Choix des meilleures variétés de plantes potagères et d'arbres fruitiers, et moyen de conserver les fruits et les légumes pendant l'hiver, suivis des 365 salades de l'ami Antoine, de la manière d'établir un jardin potager-fruitier de produit, et du Calendrier de l'horticulteur, par M. V.-F. LEBEUF. 1 vol. in-18.   1 fr.

Journal de médecine vétérinaire théorique et pratique; recueil publié par MM. BRACY-CLARK, CRÉPIN, CASTEL, DELAGUETTE, DUPUY, GODINE jeune, LEBAS, PRINCE et ROBERT. Années 1830, 1832 à 35. 5 vol. in-8.   20 fr.

Chaque volume séparément.   5 fr.

Manuel des Instruments d'Agriculture et de Jardinage les plus modernes, contenant la description détaillée des Instruments, la plupart dessinés dans les meilleurs ateliers de construction. Ouvrage orné de 121 planches et de gravures sur bois intercalées dans le texte, par M. BOITARD. 1 vol grand in-8.   12 fr.

Manuel du fabricant d'Engrais, ou de l'Influence du noir animal sur la végétation, par M. BERTIN. 1 vol. in-18.   2 fr. 50

Melon (Du) et de sa culture, par M. DUVAL. Brochure in-8. (Extrait de l'*Agriculteur praticien*.)   75 c.

Mémoires sur l'alternance des essences forestières, par GUSTAVE GAND. In-8.   1 fr. 50

Méthode abrégée du dressage des chevaux difficiles, et particulièrement des Chevaux d'armes, par M. DE MONTIGNY. 1 vol. in-8.   2 fr.

Pharmacopée vétérinaire, ou Nouvelle pharmacie hippiatrique, contenant une classification des médicaments, les moyens de les préparer et l'indication de leur emploi, etc., par M. BRACY-CLARK. 1 vol. in-12 avec fig. 2 fr.

Révolution agricole, ou Moyen de faire des bénéfices en cultivant les terres, par M. V.-F. LEBEUF. 1 vol. in-18.   2 fr.

Traité des arbres et arbustes que l'on cultive en pleine terre en Europe et particulièrement en France, par DUHAMEL DU MONCEAU, rédigé par MM. VEILLARD, JAUME SAINT-HILAIRE, MIRBEL, POIRET, et continué par M. LOISELEUR-DESLONGCHAMPS; ouvrage enrichi de 500 planches gravées par les plus habiles artistes, d'après les dessins de REDOUTÉ et BESSA, peintres du Muséum d'histoire naturelle; 7 volumes in-folio cartonnés, non rognés.

— Papier jésus vélin, figures coloriées. AU LIEU DE 3,300 francs,   750 fr.

— Papier carré vélin, figures coloriées. AU LIEU DE 2,100 francs,   450 fr.

— Papier carré fin, figures coloriées.   350 fr.

— Le même, figures noires. AU LIEU DE 775 fr.   200 fr.

On a extrait de cet ouvrage le suivant :

Traité (Nouveau) des arbres fruitiers, par DUHAMEL, nouvelle édition, très-augmentée par MM. VEILLARD, DE MIRBEL, POIRET et LOISELEUR-DESLONGCHAMPS.

2 vol. in-folio, ornés de 145 planches en taille-douce.

Fig. noires, format carré, 1/2 rel. basane.			50 fr.
Fig. coloriées, — —			100 fr.
Id. — 1/2 rel. chagrin.			110 fr.
Id. format jésus, — basane.			150 fr.
Id. — — chagrin.			170 fr.

Traité de culture théorique et pratique, par Hubert Carré. In-12. 2 fr.

Traité du chanvre du Piémont, de la grande espèce, sa culture, son rouissage et ses produits, par Rey, in-12. 1 fr. 50

Traité raisonné sur l'éducation du Chat domestique, et du Traitement de ses Maladies, par M. R***. In-12. 1 fr. 50

Travail des Boissons. Ce qui est permis ou défendu dans les manipulations des Vins, Alcools, Eaux-de-vie, Bières, Cidres, Vinaigres, Eaux gazeuses, Liqueurs, Sirops, etc., par M. V.-F. Lebeuf. 1 vol. grand in-18. 3 fr.

— Annexe à l'ouvrage précédent. Brochure grand in-18. 75 c.

INDUSTRIE, ARTS ET MÉTIERS.

Ameublement (L'), Recueil de dessins de Siéges, de Meubles et de Tentures, genre simple, divisé en trois catégories : *Siéges, Meubles, Tentures,* renfermant 72 planches par an, publié par D. GUILMARD.

3 catégories ensemble :	PARIS.	DÉPARTEMENTS.	ÉTRANGER.
En noir :	15 fr.	18 fr.	20 fr.
En couleur :	25 fr.	28 fr.	30 fr.
2 catégories ensemble :			
En noir :	10 fr.	12 fr.	13 fr.
En couleur :	17 fr.	18 fr. 50	20 fr.
1 catégorie séparée :			
En noir :	5 fr.	6 fr.	7 fr.
En couleur :	8 fr.50	9 fr.50	10 fr.50

Les abonnements ne se font que pour un an, à partir de janvier.

Une planche séparée : En noir : 50 c. — En couleur : 75 c.

Art du Peintre, Doreur et Vernisseur, par WATIN;.12ᵉ édition, revue et entièrement refondue pour la fabrication et l'application des couleurs, par MM. Ch. et F. BOURGEOIS, et augmentée de l'*Art du Peintre en voitures, en marbres et en faux-bois,* par M. J. DE MONTIGNY, ingénieur civil. 1 vol. in-8. 6 fr.

Art (L') du Tourneur, Profils et renseignements à l'usage des arts et des industries auxquels le Tour se rattache, par MM. MAINCENT et ZAMOR. 1ʳᵉ *partie,* Album. petit in-folio, cartonné. 20 fr.

Barême du Layetier, contenant le toisé par voliges de toutes les mesures de caisses, depuis 12-6-6, jusqu'à 72-72-72, etc., par BIEN-AIMÉ. 1 vol. in-12. 1 fr. 25

Barême décimal pour le commerce des Liquides, par M. RAVON. Broch. in-18. 75 c.

Calcul des essieux pour les Chemins de Fer; Coup-d'œil sur les roues de vagons, par A. C. BENOIT-DU-PORTAIL. Br. in-8 (*Extrait du Technologiste*). 1 fr. 75

Carnet de l'Inventeur et du Breveté. Précis des législations française et étrangères, renseignements et conseils pratiques, mémento pour l'enregistrement des échéances d'annuités, par M. Ch. Thirion, ingénieur-conseil. 1 vol. in-18 cart. anglais.   3 fr.

Carnets du Garde-Meuble, 6 Albums grand in-8, publiés par D. Guilmard.

N° 1. Ébéniste parisien, Recueil de dessins de Meubles dessinés d'après nature chez les principaux ébénistes du faubourg Saint-Antoine, dont la spécialité est le meuble simple. Album in-8° jésus de 130 feuilles, avec titre.
En noir,   25 fr.
En couleur,   40 fr.

N° 2. Fabricant de Siéges, Recueil de dessins de Siéges non garnis, dessinés d'après nature chez les principaux fabricants du faubourg Saint-Antoine. Siéges simples. Album de 120 planches avec titre. En noir,   25 fr.
En couleur,   40 fr.

N° 3. Vieux bois, Recueil de dessins de Meubles et de Siéges en vieux chêne sculpté. Fabrication courante. Album de 26 planches. En noir,   6 fr.
En couleur,   10 fr.

N° 3 bis. Meubles en chêne. Recueil de Meubles et de Sièges sculptés en chêne. Album de 26 planches.
En noir,   6 fr.
En couleur,   10 fr.

N° 4. Sculpteur, Recueil de motifs sculptés employés dans la fabrication des meubles simples. Album de 24 planches. En noir (pas de couleur),   6 fr.

N° 5. Sculptures de fantaisie, Recueil de petits objets sculptés : Cartels, Pendules, Cadres, Miroirs, Vide-poche, petits meubles, etc., etc. Album de 24 planches.
En noir (pas de couleur).   6 fr.

N° 6. Marqueterie et boule, Recueil de meubles dans ce genre, contenant 24 planches in-8° jésus, et représentant 44 modèles différents. En couleur (pas de noir). 12 fr.

Petit Carnet, N° 1, Meubles simples, Petit Album de poche, contenant 40 planches, représentant 67 modèles différents. En noir,   5 fr.
En couleur,   6 fr.

Petit Carnet, N° 2. Siéges. Petit Album de poche, contenant 40 planches. En noir,   5 fr.
En couleur,   6 fr.

Congrès international (le) de la Propriété industrielle, tenu à Paris en 1878. Analyse et Commentaire, par M. Ch. Thirion, Secrétaire général du Con-

grès. Tome Ier : Questions générales ; Brevets d'Invention.
1 vol. in-8. 6 fr.

Considérations sur la perspective, par BE-
NOIT-DUPORTAIL. Br. in-8 (*Extr. du Technologiste*). 1 fr. 25

Construction des Boulons, Ecrous, Harpons,
Clefs, Rondelles, Goupilles, Clavettes, Rivets et Equerres,
suivie de la construction des Vis d'Archimède, par A. C.
BENOIT-DUPORTAIL. Br. in-8 (*Extr. du Technologiste*). 3 fr.

Cubage des Bois (Tarif pour le), système mé-
trique mis en harmonie avec l'ancien système, à la portée
de tout le monde, par M. GAMET, instituteur. 2e *édition.*
1 vol. in-12. 1 fr. 25

Décoration (La) au XIXe siècle, Décor inté-
rieur des habitations, Riches appartements, Hôtels et Châ-
teaux, par D. GUILMARD.
Album de 48 planches grand in-4 coloriées. 60 fr.

Décoration (La) en bois découpé, par A. SAN-
GUINETI. 1re *partie.* Album de 32 planches, in-4 oblong.
Fig. noires, 8 fr.
Fig. coloriées, 15 fr.
— 2e *partie.* Petite charpente et menuiserie pittoresque,
Album de 50 planches.
Fig. noires, 15 fr.
Fig. coloriées, 25 fr.

Décoration (La) en Treillage, par A. SANGUI-
NETI. Album de 44 planches, in-4 oblong.
Fig. noires, 10 fr.
Fig. coloriées, 25 fr.

**Ebéniste parisien (Portefeuille pratique
de l'),** Elévation, Plan, Coupes et détails nécessaires à
la fabrication des Meubles, par D. GUILMARD. Album in-4
de 31 planches coloriées. 15 fr.

Emploi du Collodion en Photographie, par
M. H. DUSSAUCE, Broch. in-8. 75 c.

Escaliers (Album d'): élévations, plans, coupes et
détails, par A. SANGUINETI, 25 planches in-4° table. 9 fr.

Etude sur le Rouge turc ou d'Andrinople,
pour servir à l'histoire de sa fabrication, et théorie de cette
Teinture, par M. Th. CHATEAU, chimiste. 1 vol. in-8. 5 fr.

Etude sur les Outils de tour et d'ajustage,
leur emploi dans l'industrie et les meilleures formes qui
leur conviennent, par M. P. MACABIES, ingénieur civil. Br.
in-8 (extraite du *Technologiste*). 1 fr. 50

Etudes sur quelques produits naturels ap-
plicables à la *Teinture,* par ARNAUDON. Br. in-8. 1 fr. 25

Le Garde-Meuble, JOURNAL D'AMEUBLEMENT, divisé en trois catégories : *Siéges, Meubles, Tentures*, et renfermant 54 planches par an, publié par D. GUILMARD.

3 Catégories réunies : PARIS.   DÉPARTEMENTS.   ETRANGER.

	6 mois.	1 an.	6 mois.	1 an.	6 mois.	1 an.
En noir :	11 f. 25	22 f. 50	13 fr.	26 fr.	14 fr.	28 fr.
En couleur :	18 fr.	36 fr.	20 fr.	40 fr.	21 fr.	42 fr.

2 catégories réunies :

En noir :	7 f. 50	15 fr.	9 fr.	18 fr.	10 fr.	20 fr.
En couleur :	12 fr.	24 fr.	14 fr.	27 fr.	15 fr.	28 fr.

1 catégorie séparée :

En noir :	»	7 f. 50	»	9 fr.	»	10 fr.
En couleur :	»	12 fr.	»	14 fr.	»	15 fr.

Les abonnements partent du 15 janvier et du 15 juillet de chaque année. On ne reçoit pas d'abonnement de six mois pour une catégorie séparée.

Une feuille séparée : En noir : 50 c. — En couleur : 75 c.

Garde-Meuble (Petit), n° 10, SIÉGES, TENTURES, petit Album de poche renfermant 32 pl. En noir,   5 fr.
En couleur,   6 fr.
Les n°s 1 à 9 sont épuisés.

Industrie (L') dentellière belge, par B. VAN DER DUSSEN. 1 vol. in-12, orné d'une planche.   1 fr. 50

Livret-Devaux, Guide indispensable aux Débitants de Boissons et à tous les Négociants soumis à l'exercice de la Régie, ainsi qu'aux consommateurs, par M. DEVAUX, receveur-buraliste. Cartonnage in-18.   50 c.

Machines-Outils (Traité des) employées dans les usines et les ateliers de construction pour le Travail des Métaux, par M. J. CHRÉTIEN, 1 volume in-8 jésus renfermant 16 planches gravées avec soin sur acier.   12 fr.
LE MÊME OUVRAGE, 2 vol. in-18 avec Atlas in-8 jésus. (Voyez page 18.)   10 fr. 50

Manipulations hydroplastiques, ou Guide du Doreur et de l'Argenteur, par M. ROSELEUR. In-8.   15 fr.

Manuel du Bottier, par A. MOUREY. In-12. 1 fr. 50

Manuel des Candidats à l'emploi de Vérificateurs des poids et mesures, par P. RAVON. 2e édition, in-8. 5 fr.

Manuel du Commerçant en Épicerie, Traité des marchandises qui sont du domaine de ce commerce, falsifications qu'on leur fait subir ; moyen de les reconnaître, par MM. A. CHEVALLIER fils et J. HARDY, chimistes. 1 vol. in-12 accompagné de 4 planches.   2 fr. 50

Manuel de la Filature du Lin et de l'Etoupe, Application du Système au Calcul du mouvement différentiel, par M. ALEX. DELMOTTE. 2° *édition*. 1 vol. in-12. 2 fr. 50

Manuel du Fabricant de Rouenneries, comprenant tout ce qui a rapport à la Fabrication, par un FABRICANT. 1 vol. in-18. 2 fr. 50

Manuel métrique du Marchand de bois, par M. TREMBLAY. 1 vol. in-12. 1 fr. 50

Marbrerie (La) au XIX° siècle, par SANGUINETI.
1° *partie :* Cheminées, comptoirs, fontaines, pendules, autels, tombeaux, etc., etc. Album de 44 pl. in 8. 10 fr.
2° *partie :* Cheminées et autels, genre moderne, Album de 56 planches in-8. 12 fr.

Memento de l'Ingénieur-Gazier, contenant, sous une forme succincte, les Notions et les Formules nécessaires à toutes les personnes qui s'occupent de la fabrication et de l'emploi du Gaz, par M. D. MAGNIER. Br. in-18. 75 c

Memento des Architectes, des Ingénieurs, des Entrepreneurs, des Toiseurs vérificateurs et des personnes qui font bâtir, par M. C.-J. TOUSSAINT, architecte. 7 vol. in-8 dont un de planches. 60 fr.
On a extrait de cet ouvrage le suivant :
Code de la Propriété, Traité complet des Bâtiments, des Forêts, des Chemins, des Plantations, des Mines, des Carrières et des Eaux, par M. TOUSSAINT, architecte. 2 vol. in-8. 15 fr.

Mémoire sur la construction des Instruments à Cordes et à Archet, par FÉLIX SAVART. In-8. 3 fr.

Mémoire sur l'appareil des voûtes hélicoïdales et des voûtes biaises à double courbure, par M. A.-A. SOUCHON. In-4° avec 8 planches en taille-douce. 3 fr. 50

Mémoire sur les falsifications des Alcools, par M. THÉODORE CHATEAU, chimiste. (*Extrait du Technologiste.*) Br. in-8. 1 fr.

Menuiserie moderne (Album de la), Collection de nouveaux travaux exécutés dans les quartiers neufs de Paris. — Devantures de boutique, intérieurs et meubles de magasin, portes cochères et bâtardes, kiosques, pavillons, etc., etc., par A. SANGUINETI, 50 pl. in-4°. 12 fr.

Menuiserie (Croquis de) moderne pour Eglises, Autels, Chaires, Confessionnaux, Stalles, Bancs, Orgues, Portes, Boiseries, par A. SANGUINETI. Album in 4 de 60 planches coloriées. 30 fr.

Menuiserie (La) parisienne. Recueil de motifs de menuiserie dans le genre moderne, par D. GUILMARD. Album de 30 planches in-4 coloriées, en carton.   15 fr.

Menuiserie (La) religieuse. Ameublement des Eglises, styles roman et ogival du xe au xive siècle, par D. GUILMARD. Album in-4 de 30 planches.   15 fr.

Merveille de l'Art, traité de la coupe des Vêtements enseignée en 15 minutes avec démonstration et en 1 heure sans maître, par M. DESPAX. (*Extr. du* Livre-Tailleur.) Brochure in-4 renfermant 16 planches.   2 fr. 50

Notice industrielle sur le Papier et la Toile à polir, par L.-A. CHATEAU. Br. in-8.   50 c.

Ordonnance de Louis XIV, indispensable à tous les *marchands de bois* flottés, de charbon et à tous autres marchands dont les biens sont situés près des rivières navigables. 1 vol. in-18.   2 fr.

Ornementation (La connaissance des styles de l'), Histoire de l'ornement et des arts qui s'y rattachent depuis l'ère chrétienne jusqu'à nos jours, par D. GUILMARD. 1 beau vol. in-4, richement illustré et accompagné de 42 planches noires.   25 fr.

Ornements d'Appartements (Album des), Collection de tous les accessoires de décorations servant aux croisées et aux lits, par D. GUILMARD. Album de 24 planches in-8° oblong. En noir.   6 fr.

En couleur.   10 fr.

Photographie sur papier, par M. BLANQUART-EVRARD. 1 vol. grand in-8.   4 fr. 50

Photographie sur plaques métalliques, par M. le baron GROS. 1 volume in-8°, avec figures.   3 fr.

Ponts biais. Tracé des épures, coupe des pierres et détails sur la construction des différents systèmes d'appareils de *Voûtes biaises,* mis à la portée de tous les agents de travaux et appareilleurs, par M. S. LOIGNON, ingénieur civil. (*Ouvrage approuvé par les ministres de l'Instruction publique, des Travaux publics et de la Guerre*). Brochure in-8 et Atlas in-4 de 14 planches.   5 fr.

Serrurerie (La) au XIXe siècle, 4 Albums de Serrurerie nouvelle, reproduisant un très-grand nombre de modèles, par M. SANGUINETI, architecte.

1re et 2e *parties :* FER FORGÉ, TRAVAUX D'ART. 56 planches réunies en un Album in-4 cartonné.   20 fr.

3e et 4e *parties :* CHARPENTES, CONSTRUCTIONS. 66 pl. avec Table explicative, réunies en un Album in-4 cart.   30 fr.

On vend séparément les 1re et 2e parties, chacune : 10 fr.
—   la 4e partie :   18 fr.
Les 4 premières parties réunies en un seul vol. :   45 fr.
5e partie : SERRES, SALONS ET JARDINS D'HIVER, VERANDHAS, ETC. 40 planches réunies en un Album in-4 cart.   15 fr.

Serrurier (Le) parisien, par M. SANGUINETI.
1re *partie :* Grilles, Portes, Balcons, Impostes, etc., genre simple. Album in-8 de 48 planches.   8 fr.
2e *partie :* Grilles simples et ornées, Marquises, Serrurerie de jardins, Serrurerie d'églises et de cimetières. Album in-8 de 52 planches.   12 fr.
Les deux parties réunies. 1 vol. in-8e cart.   20 fr.

Siéges (Portefeuille pratique du Fabricant de), Plan, Coupes, Elévation et Détails nécessaires à la fabrication des Siéges, par D. GUILMARD. Album in-4 de 31 planches coloriées.   15 fr.

Tables techniques de l'Industrie du Gaz, CALCULS TOUT FAITS des diamètres et des longueurs des conduites, des volumes de gaz qui s'écoulent et des pertes de charges, du pouvoir éclairant et du titre du Gaz, etc., par M. D. MAGNIER, ingénieur. 1 vol. in-8.   3 fr. 50

Tapissier parisien (Album du), par D. GUILMARD. Album grand in-8 de 25 planches. En noir,   7 fr.
En couleur,   12 fr.

Tapissier parisien (Le porte-feuilles pratique du), Décors de lits, croisées, etc. Coupe et texte de ces diverses décorations, par D. GUILMARD. Album de 30 planches in-4°. En noir.   18 fr.
En couleur, *(Paraîtra prochainement.)*

Tarif-Bonnet, donnant le prix de revient du litre et de la bouteille pour tous les vins de France. Cart.   50 c.

Tombeaux (Album de), exécutés récemment dans les principaux cimetières, par M. A. SANGUINETI.
1re *partie :* Album de 48 planches grand in-8.   12 fr.
2e *partie :* Chapelles funéraires. Album de 60 pl.   15 fr.
Les deux parties réunies : 1 vol. grand 8°.   25 fr.

Tourneur parisien (Albums du), par D. GUILMARD. 2 Albums grand in-8 de 24 planches.   12 fr.
Chaque album séparé :   6 fr.

Tourneur (Manuel du), ou Traité complet et simplifié de cet Art, par M. DE VALICOURT. 1 vol. grand in-8, renfermant 27 planches in-4°. (Voyez page 28).   20 fr.

Traité complet de la Filature du chanvre et du lin, par MM. COQUELIN et DECOSTER. 1 gros vol. avec Atlas in-folio de 37 planches.   20 fr.

Traité du Chauffage au Gaz, par Ch. Hugueny. Br. in-8 (*Extraite du Technologiste*).   1 fr. 50

Traité de Chimie appliquée aux arts et métiers, par M. J.-J. Guilloud, professeur. 2 forts vol. in-12, avec planches.   10 fr.

Traité de la Comptabilité du Menuisier, applicable à tous les états de la bâtisse, par D. Clousier. 1 vol. in-8.   2 fr. 50

Traité de la Coupe des Pierres, ou Méthode facile et abrégée pour se perfectionner dans cette science, par J.-B. De la Rue. 3e édition, revue et corrigée par M. Ramée, architecte. 1 vol. in-8 de texte, avec un Atlas de 98 planches in-folio.   20 fr.

Traité des Échafaudages, ou Choix des meilleurs modèles de charpentes, par J.-Ch. Krafft. 1 vol. in-fol. relié, renfermant 51 planches très-bien gravées. 25 fr.

Traité élémentaire de la Filature du Coton, par M. Oger, directeur de filature, et Saladin. 1 vol. in-8 et Atlas.   18 fr.

Traité élémentaire du Parage et du Tissage mécanique du coton, par L. Bedel et E. Bourcart. In-8, fig.   6 fr.

Traité d'Horlogerie moderne, par M. Claudius Saunier. (*Ouvrage honoré d'une médaille de première classe, d'une médaille d'or et d'un Diplôme d'honneur.*)
1 vol. grand in-8, planches noires.   36 fr.
—   —   —   teintées.   45 fr.

Traité de la fabrication des Tissus, par Falcot, 3 vol. in-4, dont un de texte et deux Atlas.   35 fr.

Traité sur la nouvelle découverte du levier-volute *dit* **levier-Vinet.** In-18.   1 fr. 50

Transmissions à grandes vitesses. — *Paliers-graisseurs* de M. De Coster, par Benoit-Duportail. In-8. (*Extrait du Technologiste*).   75 c.

Vidanges des fûts de vins et de liqueurs ; mouillage des spiritueux, par M. A. Bonnet. Brochure in-8°. 1 fr. 25

Vignole du Charpentier. 1re partie, Art du trait, contenant l'application de cet art aux principales constructions en usage dans le bâtiment, par M. Michel, maître charpentier, et M. Boutereau, professeur de géométrie appliquée aux arts. 1 vol. in-8, avec Atlas in-4 renfermant 72 planches gravées sur acier.   20 fr.

OUVRAGES CLASSIQUES ET D'ÉDUCATION.

OUVRAGES DE MM. NOEL ET CHAPSAL.

Abrégé de la Grammaire Française, pa
MM. NOEL et CHAPSAL. 1 vol. in-12.   90 c.

Exercices élémentaires, adaptés à l'abrégé de la
Grammaire française de MM. NOEL et CHAPSAL.   1 fr.

Grammaire française (Nouvelle) sur un plan
très-méthodique, par MM. NOEL et CHAPSAL. 3 vol. in-12 qui
se vendent séparément, savoir :
— LA GRAMMAIRE. 1 vol.   1 fr. 50
— LES EXERCICES. (*Première année.*) 1 vol.   1 fr. 50
— LE CORRIGÉ DES EXERCICES.   2 fr.

Exercices français supplémentaires, sur les
difficultés qu'offre la syntaxe, par M. CHAPSAL. (*Seconde
année.*)   1 r. 50

Corrigé des exercices supplémentaires. 2 fr.

Leçons d'analyse grammaticale, par MM.
NOEL et CHAPSAL. 1 vol. in-12.   1 fr. 80

Leçons d'analyse logique, par MM. NOEL et
CHAPSAL. 1 vol. in-12.   1 fr. 80

Traité (Nouveau) des participes, suivi de dic-
tées progressives, par MM. NOEL et CHAPSAL. 3 vol. in-12
qui se vendent séparément, savoir :
— THÉORIE DES PARTICIPES. 1 vol.   2 fr.
— EXERCICES SUR LES PARTICIPES. 1 vol.   2 fr.
— CORRIGÉ DES EXERCICES SUR LES PARTICIPES. 1 vol.   2 fr.

Syntaxe française, par M. CHAPSAL, à l'usage des
classes supérieures. 1 vol.   2 fr. 75

Cours de Mythologie. 1 vol. in-12   2 fr.

**Dictionnaire (Nouveau) de la langue
çaise.** 1 vol. in-8, grand papier.   8 fr.
— Cartonné en toile, 8 fr. 75; — relié en basane, 9 fr. 50

OUVRAGES DE MM. NOEL, FELLENS,
PLANCHE ET CARPENTIER.

Grammaire latine (Nouvelle) sur un plan très-méthodique, par M. NOEL, inspecteur-général de l'Université, et M. FELLENS. Ouvrage adopté par l'Université.   1 fr. 80

Exercices (latins-français) par les mêmes.   1 fr. 80

Cours de thèmes pour les sixième, cinquième, quatrième, troisième et seconde classes, à l'usage des colléges, par M. PLANCHE, professeur à l'ancien Collége de Bourbon, et M. CARPENTIER. *Ouvrage recommandé pour les colléges par le Conseil de l'Université.* 2e édition, entièrement refondue et augmentée. 5 vol. in-12.   10 fr.

Avec les corrigés à l'usage des maîtres. 10 vol.   22 fr. 50

On vend séparément les volumes de chaque classe, ainsi que les corrigés correspondants :

Les thèmes, 2 fr.; les corrigés, 2 fr. 50.

Cours de thèmes pour la 7e et la 8e, par MM. NOEL et FELLENS. 1 vol. in-12.   1 fr. 50

Corrigés pour les 7e et 8e.   1 fr. 50

Grammaire française (Nouveaux éléments de la), par M. FELLENS. 1 vol. in-12.   1 fr. 25

OEuvres de Boileau, édit. annotée par MM. NOEL et PLANCHE. 1 vol. in-12.   1 fr.

OUVRAGES CLASSIQUES DIVERS.

Abrégé de la Grammaire latine, ou Méthode brévidoctive de prompt enseignement, par B. JULLIEN. 1 vol. in-12.   2 fr.

Abrégé de la Grammaire de Wailly. 1 vol. in-12.   75 c.

Abrégé d'Histoire universelle, par M. BOURDON, professeur de l'Académie de Besançon.

Première partie, comprenant l'histoire des Juifs, des Assyriens, des Perses, des Egyptiens et des Grecs, jusqu'à la mort d'Alexandre-le-Grand, avec des tableaux de synchronismes. 2e édition. 1 vol in-12.   2 fr.

— *Deuxième partie*, comprenant l'histoire des Romains depuis la fondation de Rome, et celle de tous les peuples principaux, depuis la mort d'Alexandre-le-Grand jusqu'à l'avènement d'Auguste à l'empire. 1 vol. in-12.   3 fr. 50

— *Troisième partie*, comprenant un ABRÉGÉ DE L'HISTOIRE DE L'EMPIRE ROMAIN, depuis sa fondation jusqu'à la prise de Constantinople. 1 vol. in-12.   2 fr. 50

— *Quatrième partie*, comprenant l'histoire des Gaulois, les Gallo-Romains, les Francs et les Français jusqu'à nos jours, avec des tableaux de synchronismes. 2 vol. in-12. 6 fr.

Abrégé du Cours de littérature de DE LA HARPE, publié par RÉNÉ PÉRIN. 2 vol. in-12.   3 fr.

Algèbre élémentaire, Théorique et Pratique, par M. JOUANNO. 1 vol. in-8.   3 fr. 50

Alphabet instructif pour apprendre facilement à lire à la jeunesse. Brochure in-8.   20 c.
     La douzaine.   1 fr. 80

Animaux (Les) célèbres, anecdotes historiques sur les traits d'intelligence, d'adresse, de courage, de bonté, d'attachement, de reconnaissance, etc., des animaux de toute espèce, ornés de gravures, par A. ANTOINE. 2 vol. in-12. 2e édition.   3 fr.

Aquarelle (L'), ou les Fleurs peintes d'après la méthode de M. REDOUTÉ, par M. PASCAL, contenant des notions de botanique à l'usage des personnes qui peignent les fleurs, de dessin et de peinture d'après les modèles et la nature. In-4 orné de planches noires et coloriées. 4 fr. 50

Art de broder, ou Recueil de modèles coloriés, à l'usage des demoiselles, par AUG. LEGRAND. 1 vol. in-8 oblong, renfermé dans un étui cartonné.   3 fr. 50

Astronomie des demoiselles, ou Entretiens entre un frère et sa sœur, sur la mécanique céleste, par JAMES FERGUSSON et M. QUÉTRIN. 1 vol. in-12.   3 fr. 50

Astronomie illustrée, par ASA SMITH, revue par WAGNER, WUST et SARRUS. In-4 cartonné.   6 fr.

Chimie élémentaire, inorganique et organique, à l'usage des Ecoles et des Gens du monde, par E. BURNOUF. 1 gros vol. in-12.   3 fr.

Ciceronis (M. T.) orator. Nova editio, ad usum scholarum. Tulli-Leucorum, in-18.   75 c.

Cours de thèmes, pour l'enseignement de la traduction du français en allemand dans les collèges de France, renfermant un Guide de conversation, un Guide de correspondance, et des Thèmes pour les élèves des classes élémentaires supérieures, par M. MARCUS. 1 vol. in-12. 4 fr.

Cours de Thèmes latins, à l'usage des classes de huitième et de septième, par M. Am. Scribe, ancien maître de pension. 1 vol. 2 fr. 50

Dialogues anglais-français et français-anglais, ou Eléments de la Conversation anglaise, par Perrin. In-12. 1 fr. 25

Dialogues Moraux, instructifs et amusants, à l'usage de la jeunesse chrétienne. 1 vol. in-18. 1 fr.

Dictionnaire de poche français-anglais et anglais-français, par Nugent; revu par L.-F. Fain. 2 vol. in-12 carré. 3 fr.

Éducation (De l') des Jeunes personnes, ou Indication de quelques améliorations importantes à introduire dans les pensionnats, par Mlle Faure. In-12. 1 fr. 50

Éléments (Premiers) d'arithmétique, suivis d'exemples raisonnés en forme d'anecdotes, à l'usage de la jeunesse, par un membre de l'Université. In-12. 1 fr. 50

Enseignement (L'), par MM. Bernard-Jullien, docteur ès-lettres, licencié ès-sciences, et C. Hippeau, docteur ès-lettres, bachelier ès-sciences. Un gros vol. in-8 de 500 pages. 6 fr.

Epîtres et Evangiles des Dimanches et des Fêtes de l'année. 1 vol. in-12. 2 fr. 50

Essais de Géométrie appliquée, par P. Lepelletier. In-8. 4 fr.

Essai d'unité linguistique, par Bouzeran. 1 vol. in-8. 1 fr. 50

Essai sur l'Analogie des langues, par Hennequin. 1 vol. in-8. 3 fr. 50

Études analytiques sur les diverses acceptions des mots français, par Mlle Faure. 1 vol. in-12. 2 fr. 50

Études littéraires, par A. Hennequin. (Grammaire et Logique). 1 vol. in-12. 2 fr.

Exercices sur l'*Abrégé du Recueil de mots français.* par B. Pautex. 1 vol. in-12. 1 fr.

Exposé élémentaire de la théorie des intégrales définies, par A. Meyer, professeur à l'Université de Liège. 1 vol. in-8. 10 fr.
(Publié dans les *Mémoires de la Société royale des Sciences de Liège*).

Fables de Lessing, adaptées à l'étude de la langue allemande dans les cinquième et quatrième classes des collèges de France, moyennant un Vocabulaire allemand-

français, une Liste des formes irrégulières, l'indication de
la construction, et les règles principales de la succession
des mots, par MARCUS. 1 vol. in-12.   2 fr. 50

**Géographie ancienne des états barbares-
ques**, d'après l'allemand de MANNERT, par MM. MARCUS
et DUESBERG. In-8.   10 fr.

Géographie des écoles, par M. HUOT, continuateur
de la Géographie de MALTE-BRUN et GUIBAL. 1 gros volume
in-12, avec Atlas in-4.   1 fr. 50

Géométrie perspective, avec ses applications à
la recherche des ombres, par le général G.-H. DUFOUR.
1 vol. in-8, avec un Atlas de 22 planches in-4.   4 fr.

Gradus ad Parnassum, par NOEL et AYNÈS, édit.
de Toul. 1 vol. in-8, cartonné.   5 fr.

Grammaire française à l'usage des pensionnats
de demoiselles, par Mme ROULLEAUX. In-12.   60 c.

Grammaire (Nouvelle) italienne, méthodique
et raisonnée, par le comte DE FRANCOLINI. In-8.   7 fr. 50

Histoire de la Grèce, depuis les premiers siècles
jusqu'à l'etablissement de la domination romaine, par
M. MATTER, ancien inspecteur-général de l'Université.
1 vol. in-18.   3 fr.

Histoire de la Sainte Bible, contenant le vieux
et le nouveau Testament, par DE ROYAUMONT. Le Mans.
1 vol. in-12.   1 fr.

Histoire des douze Césars, par LA HARPE. 3 vol.
in-32, ornés de figures.   5 fr.

Imitation de Jésus-Christ, avec une Pratique
et une Prière à la fin de chaque Chapitre; trad. par le P.
GONNELIEU. 1 vol. in-18.   1 fr. 75

Jardin (Le) des racines grecques, recueillies
par LANCELOT, mises en vers par LE MAISTRE DE SACY et
publiées par C. BOBET. In-8.   5 fr.

Justini historiarum, ex Trogo Pompeio, libri
XLIV. Accedunt excerptiones chronologicæ ad usum scho-
larum. Tulli-Leucorum. In-18.   70 c.

Leçons élémentaires de Philosophie, destinées
aux élèves qui aspirent au grade de bachelier ès-lettres,
par J.-S. FLOTTE. 5e édit., 3 vol. in-12.   4 fr.

Levés (Des) à vue, et du Dessin d'après nature, par
M. LEBLANC. In-18, figures.   25 c.

Méthode américaine de Carstairs, ou l'Art
d'écrire en peu de leçons par des moyens prompts et fa-
ciles. 1 Atlas in-8 oblong.   1 fr.

(Même ouvrage que le Manuel de Calligraphie. *V. p. 2.*

Méthode de Langue allemande, précédée de modèles d'Écriture allemande, pour en faciliter la lecture aux élèves, par le professeur H. LÜHR. 1 vol. in-12. 2 fr.

On vend séparément :

MODÈLES D'ÉCRITURE ALLEMANDE. Brochure in-12. 75 c.

CLEF OU TRADUCTION DES THÈMES. Brochure in-12. 1 fr.

Méthode nouvelle pour le calcul des intérêts à tous les Taux, par PIJON. In-18. 1 fr. 50

Extrait du Manuel de Commerce. *Voyez* page 12.

Miniature (Lettres sur la), par MANSION. 1 vol. In-12, avec figures. 4 fr.

Modèles de l'enfance, par l'abbé Th. PERRIN. 1 vol. In-32. 50 c.

Morale de l'enfance, ou Quatrains moraux à la portée des Enfants, et rangés par ordre méthodique, par M. le vicomte de MOREL-VINDÉ. 1 vol. in-18. (Adopté par la Société élémentaire, la Société des méthodes, etc.) 1 fr.

Le même ouvrage, cartonné. 1 fr. 10

Le même, *texte latin,* trad. par M. VICTOR LECLERC. 1 vol. in-16. 1 fr

Le même, latin-français en regard. 1 vol. in-16. 2 fr.

Morale de l'Evangile, par Mᵐᵉ CELNART. In-8. 75 c.

Notice sur la projection des Cartes géographiques, par E.-A. LEYMONNERYE. In-18, fig. 1 fr. 50

Parfait modèle (le), ou la Vie de Berchmans. 1 vol. in-18. 1 fr.

Pensées et maximes de Fenélon. 2 vol. in-18, portrait. 3 fr.

— **de J.-J. Rousseau.** 2 vol. in-18, portrait. 3 fr.

— **de Voltaire.** 2 vol. in-18, portrait. 3 fr

Philosophie anti-Newtonienne, ou Essai sur une nouvelle physique de l'univers, par J. BAUTÈS. In-8. 3 fr.

Plantes (Les), Poème, par R. R. CASTEL; nouvelle édition, ornée de 5 figures en taille douce. In-18. 3 fr.

Principes de littérature, mis en harmonie avec la morale chrétienne, par J.-B. PÉRENNES. In-8. 5 fr

Principes de ponctuation, fondés sur la nature du langage écrit, par M. FREY. (*Ouvrage approuvé par l'Université.*) 1 vol. in-12. 1 fr. 50

Principes généraux et raisonnés de la Grammaire française, par DE RESTAUT. In-12. 1 fr. 25

Principes raisonnés de la langue française, à l'usage des colléges, par MORIN. 1 vol. in-12. 1 fr. 20

Principes de la langue latine, suivant la méthode de Port-Royal, à l'usage des colléges, par MORIN. 1 vol. in-12.   1 fr. 25

Rhétorique française, composée pour l'instruction de la jeunesse, par M. DOMAIRON. In-12.   3 fr.

Science (La) enseignée par les jeux. Voyez *Manuel des Jeux.* 2 vol. in-18, page 19.   6 fr.

Selectæ e novo testamento historiæ ex Erasmo desumptæ. Tulli-Leucorum. In-18.   50 c.

Traité d'Arithmétique pratique, d'après la méthode de progressions, par M. F. CHORON. 1 volume in-12.   1 fr.

Traité d'Équitation sur des bases géométriques, par A.-C.-M. PARISOT. 1 vol. in-8, contenant 74 fig. 10 fr.

Usage de la règle logarithmique, ou Règle-calcul. In-18.   25 c.

Véritable esprit (Le) de J.-J. Rousseau, par l'abbé SABATIER DE CASTRES. 3 vol. in-8.   15 fr.

Véritable perfection du tricotage, br. in-12, par Mme GRZYBOWSKA.   1 fr.

Voyages de Gulliver. 4 vol. in-18, fig.   2 fr.

OUVRAGES DIVERS.

Abus (Des) en Matière ecclésiastique, par M. BOYARD. 1 vol. in-8. 2 fr. 50

Analyse des traditions religieuses des peuples indigènes de l'Amérique. Brochure in-8. 3 fr.

Année française, Mémorial scientifique, politique et littéraire, Paris, 1826, 2 vol. in-8. 8 fr.

Art de conserver et d'augmenter la beauté, corriger et déguiser les imperfections de la nature, par LAMI. 2 vol. in-18, ornés de gravures. 3 fr.

Boucherie (Tableau figuratif des diverses *qualités* de la viande de), in-plano, colorié. 1 fr.

Caractères poétiques, par ALLETZ. 1 vol. grand in-8. 6 fr.

Carte topographique de l'île Ste-Hélène, in-plano. 1 fr. 50

La Chine, l'Opium et les Anglais. Documents historiques sur la compagnie anglaise des Indes-Orientales, sur le commerce de la Grande-Bretagne en Chine et sur les causes qui ont amené la guerre entre les deux nations, par M. SAURIN. 1 vol. in-8 orné d'une carte. 5 fr.

Choix d'Anecdotes anciennes et modernes, tirées des meilleurs auteurs, contenant les faits les plus intéressants de l'histoire en général; les exploits des héros, traits d'esprit, saillies ingénieuses, bons mots, etc., etc., par madame CELNART, 5e édition. 4 vol. in-18. 7 fr.

Christ, ou l'Affranchissement des Esclaves, drame humanitaire en cinq actes, par M. H. CAVEL. In-8. 3 fr. 50

Code des Maîtres de poste, des Entrepreneurs de diligences et de roulage et des voituriers en général par terre et par eau, par A. LANOE, avocat. 2 vol. in-8. 12 fr.

Cordon bleu (Le), Nouvelle cuisinière bourgeoise, rédigée et mise par ordre alphabétique, par Mlle MARGUERITE. 18e édition, augmentée de nouveaux menus appropriés aux diverses saisons de l'année, d'un ordre pour les services, de l'art de découper et de servir à table, d'un traité sur les vins et des soins à donner à la cave, etc. 1 vol. in-18 de 250 pages, orné de figures. 1 fr.

Contrefaçon des Billets de Banques, Papier timbré, Mandats, Actions industrielles et autres, et moyens d'y remédier, par M. KNECHT-SENEFELDER. Brochure in-18, accompagnée d'une planche.　　　　50 c.

Derniers moments de la Révolution de Pologne en 1831. Récit des évènements de l'époque, par JANOWSKI. 1 vol. 8°.　　　　3 fr.

Éléonore de Fioretti, ou Malheurs d'une jeune Romaine sous le pontificat de ***. 2 vol. in-12.　　　　3 fr.

Emprisonnement (De l') pour Dettes. Considérations sur son origine, ses rapports avec la morale publique et les intérêts du commerce, des familles, de la société, suivies de la statistique générale de la contrainte par corps en France et en Angleterre, et de la statistique détaillée des prisons pour dettes de Paris et de Lyon, et de plusieurs autres grandes villes de France, par J.-B. BAYLE-MOUILLARD. (*Ouvrage couronné en 1835 par l'Institut.*) In-8.　　　　7 fr. 50

Épilepsie (De l') en général et particulièrement de celle qui est déterminée par des causes morales, par DOUSSIN-DUBREUIL. 2ᵉ édit. 1 vol. in-12.　　　　3 fr.

Épitaphe des Partis; celui dit *du juste milieu,* son avenir; par H. CAVEL. In-8.　　　　1 fr. 50

Esprit des Lois, par MONTESQUIEU. 4 vol. in-12. 8 fr.

Essai sur l'Administration, par Le Sous-Préfet de Béthune. 1 vol. in-8.　　　　2 fr. 50

Essai sur le commerce et les intérêts de l'Espagne et de ses Colonies, par DE CHRISTOPHORO D'AVALOS. 1 vol. in-8.　　　　2 fr. 50

Fille (La) d'une femme de génie, traduit de l'anglais par Mᵐᵉ HOFLAND. 2 vol. in-12.　　　　4 fr.

Graissinet (M.), ou Qu'est-il donc? nouvelle par E. BONNEFOI. 4 vol. in-12.　　　　8 fr.

Histoire des Bibliothèques publiques de la Belgique, par P. NAMUR. 3 vol. in-8.　　　　22 fr.

Histoire des légions Polonaises en Italie, sous le commandement du général Dombrowski, par LÉONARD CHODZKO. 2 vol. in-8.　　　　17 fr.

Histoire générale de Pologne, d'après les historiens polonais Naruszewicz, Albertrandy, Czacki, Lelewel, Bandtkie, Niemcewicz, Zielinski, Kollontay, Oginski, Chodzko, Podzaszynski, Mochnacki, et autres écrivains nationaux. 2 vol. in-8.　　　　7 fr.

Lettres sur la Valachie, de 1815 à 1821, par P. R. 1 vol. in-12.   2 fr. 50

Magistrature (De la), dans ses rapports avec la liberté des Cultes, par M. BOYARD. 1 vol. in-8.   6 fr.

Magistrature (De la), dans ses rapports avec la Liberté de la Presse et la Liberté individuelle, par M. BOYARD. 1 vol. in-8.   6 fr.

Manuel des Docks, Warrants, Ventes publiques. Comptes-courants, Chéques et virements, par M. A. SAUZEAU. 1 vol. grand in-18.   3 fr.

Manuel des Justices de paix, ou Traité des fonctions et des attributions des Juges de paix, des Greffiers et Huissiers attachés à leur tribunal, avec des formules et des modèles de tous les actes qui dépendent de leur ministère, par MM. LEVASSEUR et BIRRY. 1 vol. in-8. 6 fr.
— LE MÊME OUVRAGE, 1 vol. in-18. (*V*. page 17.) 3 fr. 50

Manuel des Maires, Adjoints, Préfets, Conseillers de Préfecture, généraux et municipaux, Juges de Paix, Commissaires de Police, Prêtres, Instituteurs, Pères de famille, etc., par M. BOYARD, ancien président à la Cour d'Orléans, et M. CH. VASSEROT, conseiller général, ancien adjoint et ancien sous-préfet. 2 vol. in-8.   12 fr.

Manuel des Nourrices, par madame EL. CELNART. 1 vol. in-16.   1 fr. 50

Manuel des Sociétés de secours mutuels. Broch. in-12.   50 c.

Manuel du Négociant, dans ses rapports avec la douane, par M. BAUZON-MAGNIEN. 1 vol. in-12.   4 fr.

Mémoires du comte de Grammont, par HAMILTON. 2 vol. in-32.   2 fr.

Mémoires récréatifs, scientifiques et anecdotiques du physicien-aéronaute ROBERTSON. 2 vol. in-8 ornés de vignettes.   12 fr.

Mémoire sur la guerre de 1809 en Allemagne, avec les opérations particulières des corps d'Italie, de Pologne, de Saxe, de Naples et de Walcheren, par le général PELET, d'après son journal fort détaillé de la campagne d'Allemagne, ses reconnaissances et ses divers travaux; la correspondance de Napoléon avec le major-général, les maréchaux, etc. 4 vol. in-8.   28 fr.

Ministre (Le) de Wakefield, traduit en français par M. AIGNAN. 1 vol. in-12, avec figures.   1 fr.

Nosographie générale élémentaire, Description et traitement rationnel de toutes les maladies, par SEIGNEUR-GENS. 4 vol. in-8. 20 fr.

Notes sur les prisons de la Suisse et sur quelques-unes de l'Europe ; moyen de les améliorer, par FR. CUNNINGHAM et T.-F. BUXTON. 1 vol. in-8. 4 fr.50

Opuscules financiers sur l'effet des Priviléges des Emprunts publics et des conversions sur le Crédit de l'industrie en France, par FAZY. 1 vol. in-8. 5 fr.

Poésies de Charles Froment, édition de Bruxelles. 2 vol. in-18. 5 fr.

Précis de l'Histoire des Tribunaux secrets dans le Nord de l'Allemagne, par LOEVE-VEIMARS. 1 vol. in-18. 1 fr. 25

Précis historique sur les révolutions des royaumes de Naples et du Piémont en 1820 et 1821, par le comte D. 1 vol. in-8. 4 fr. 50

Projet d'un nouveau système bibliographique des connaissances humaines, par P. NAMUR. 1 vol. in-8. 4 fr.

Recueil de recettes et de préparations chimiques d'Objets d'un usage journalier. Br. in-18. 75c.

Recueil général et raisonné de la Jurisprudence et des attributions des *Justices de paix* en toutes matières, civiles, criminelles, de police, de commerce, d'octroi, de douanes, de brevets d'invention, etc., par M. BIRET. 2 vol. in-8. 14 fr.

Roman comique, par SCARRON, nouv. édition revue et augmentée. 4 vol. in-12. 3 fr.

Sermons du père Lenfant, prédicateur du roi Louis XVI. 8 gros vol. in-12, avec portrait. 2ᵉ édit. 20 fr.

Suite au Mémorial de Sainte-Hélène. Observations critiques, anecdotes inédites pour servir de supplément et de correctif à cet ouvrage, 2ᵉ édition, ornée du portrait de Las-Cases. 1 vol. in-8°. 7 fr.

Tarif des prix comparatifs des anciennes et nouvelles mesures, suivi d'un abrégé de Géométrie graphique élémentaire, par ROUSSEAUX. 1 vol. in-12. 2 fr. 50

Théorie du Judaïsme appliquée à la Réforme des Israélites de tous les pays de l'Europe, par l'abbé CHIARINI. 2 vol. in-8. 10 fr.

Traité des Absents, contenant les Lois, Arrêtés, Decrets, Circulaires et Ordonnances, publiés sur l'Absence, par M. TALANDIER. 1 vol. in-8. 7 fr.

Traité de la mort civile en France, par A.-T. Desquiron. 1 vol. in-8.   7 fr.

Voyage de découverte autour du monde, et à la recherche de La Pérouse, par M. J. Dumont D'Urville, capitaine de vaisseau, exécuté sous son commandement et par ordre du gouvernement, sur la corvette l'Astrolabe, pendant les années 1826 à 1829. 5 gros vol. in-8, ornés de vignettes sur bois, avec un Atlas contenant 20 planches ou cartes grand in-folio.   60 fr.

Cet important ouvrage, qui a été exécuté par ordre du gouvernement sous le commandement de M. Dumont D'Urville et rédigé par lui, n'a rien de commun avec le voyage pittoresque publié sous sa direction.

AVIS.

—

Cette Librairie, entièrement consacrée aux Sciences et à l'Industrie, fournira aux amateurs tous les ouvrages anciens et modernes en ce genre, publiés en France, et fera venir de l'Etranger tous ceux que l'on pourrait désirer.

Les personnes qui auraient quelque chose à faire parvenir dans l'intérêt des sciences et des arts, soit pour la *Collection des Manuels-Roret*, soit pour un ouvrage du même genre que ceux portés à ce Catalogue, sont priées de l'envoyer *franco* à l'adresse de M. Roret, rue Hautefeuille, 12, à Paris.

—

BAR-SUR-SEINE. — IMP. SAILLARD.